ANTHONY PRICE
Die Bombe

*Wer Goldmann Kriminalromane liest,
zeigt, daß er auf Niveau achtet.*

ANTHONY PRICE

Die Bombe

THE ALAMUT AMBUSH

Kriminalroman

WILHELM GOLDMANN VERLAG MÜNCHEN

KRIMI VERLAG AG WOLLERAU/SCHWEIZ

Die Hauptpersonen des Romans sind:

Hugh Roskill	Angehöriger des britischen Geheimdienstes
David Audley	Nahostexperte
Faith Audley	seine Frau
Alan Jenkins	Elektronikexperte
David Llewelyn	britischer Regierungsbeamter
Colonel Jake Shapiro	Angehöriger der israelischen Botschaft
Colonel Muhammad Razzak	Angehöriger der ägyptischen Botschaft

Der Roman spielt in London und Umgebung.

Ungekürzte Ausgabe. Made in Germany.
© 1971 by Antony Price. Aus dem Englischen übertragen von Wulf Bergner. Alle Rechte, auch die der fotomechanischen Wiedergabe, vorbehalten. Jeder Nachdruck bedarf der Genehmigung des Verlages. Umschlagfoto: Hans Künzel. Gesetzt aus der Linotype-Garamond-Antiqua. Druck: Presse-Druck Augsburg. K 883/KRIMI 4264. Sch/Hu
Gebundene Ausgabe ISBN 3-442-25883-9
Taschenbuchausgabe ISBN 3-442-04264-X

PROLOG

Jenkins ging langsam um den Princess herum und knöpfte sich dabei seinen Overall zu.

Es war spät, nach Mitternacht, und er war hundemüde. Eigentlich eine Unverschämtheit, ihn in den letzten Stunden seines Urlaubs herzurufen, in denen er sein neues Apartment hatte aufräumen wollen. Aber er wußte, daß weder die späte Stunde noch diese Unverschämtheit, sondern eine gewisse Erregung seine Konzentration beeinträchtigte. Im letzten Vierteljahr hatte er gespürt, daß eine Beförderung in der Luft lag; jetzt schien sie fast greifbar nahe zu sein.

Er mußte die Sache nur richtig anfangen – und dabei konnte Hugh Roskill ihm helfen. Hugh beriet ihn zuverlässig, ohne zu versuchen, selbst ins Rampenlicht zu kommen. Obwohl die gute alte Zeit vorüber war, gehörte er noch immer fast zur Familie.

Jenkins verfolgte mit dem Zeigefinger den schmalen Goldstreifen, der das schwarze Unterteil vom grauen Dach des Wagens absetzte.

Aus Hugh war er nie recht schlau geworden. Oben im achten Stock trugen sie alle eine Art Maske, und Hughs war die nonchalante eines RAF-Offiziers, die Jenkins aus seiner Jugend kannte, als Hugh und der arme alte Harry unzertrennlich gewesen waren. Aber Harry war nicht sonderlich intelligent gewesen, und mit bloßer Nonchalance kam man nicht in den achten Stock – in den Jenkins auch wollte. Folglich mußte doch mehr hinter Hugh stecken, wie Tante Mary immer behauptet hatte ...

Er zuckte mit den Schultern und berührte einen der Schmutzspritzer unterhalb des Goldstreifens. Diese Spritzer waren wirklich interessant. Seit zehn Tagen kein Regen mehr, aber die untere Wagenhälfte wies frische Schmutzspritzer auf. Das konnte jemanden mißtrauisch gemacht haben, obwohl sich der Mann von der Sonderabteilung, der den Wagen gebracht hatte, nicht dazu geäußert hatte. Wahrscheinlich litt der unbekannte, aber einflußreiche Besitzer an Größenwahn ...

Jenkins gähnte, rieb sich die Augen und warf einen Blick in das Handbuch mit dem roten Kunstlederumschlag. Dabei fiel ihm ein, daß er noch nie einen Princess untersucht hatte. Vor einigen Monaten wäre ihm das noch als Herausforderung an seine Fähigkeiten erschienen. Aber jetzt war es bloße Routinearbeit, und er ärgerte sich noch immer darüber, daß Maitland anderswo zu tun hatte, während McClure und Bennett in Nordirland gebraucht wurden.

Er schüttelte den Kopf. Am besten brachte er diese Sache so schnell wie möglich hinter sich, damit er noch ein paar Stunden schlafen konnte. Morgen mußte er in Bestform sein ...

Er griff nach dem Mikrofon seines Tonbandgeräts.

»Vanden Plas Princess, vier Liter, schwarz und grau, Kennzeichen ...«

I

Das Klirren der Kette war lauter als die Glocke, die nur einmal anschlug und dann festhing.

Roskill überlegte sich, daß diese Glocke eigentlich fast das einzige an dem alten Haus war, was Audleys junge Frau nicht verändert hatte. Die Teppiche waren neu, die Vorhänge waren neu, die schönen alten Möbel glänzten frisch poliert im Kerzenschein. Aber die Türglocke war noch ein Stück aus der Zeit vor Faith – ein Relikt, das laut ›Bitte nicht stören‹ sagte.

Auch Audley wirkte zu Roskills Überraschung unverändert. Er hatte an diesem Abend bisher die gleiche verwirrende Mischung von arroganter Bescheidenheit und höflicher Grobheit gezeigt, die Roskill vor Jahren fasziniert hatte, als der große Mann bei einer Besprechung die israelischen Absichten so zutreffend analysierte. Roskill hatte damals in ihm den möglichen Nachfolger Sir Fredericks gesehen. Erst als er ihn besser kennenlernte, waren ihm Zweifel gekommen: Audley war rücksichtslos und intelligent, aber ihm fehlte die Konzentration auf den Erfolg. Im Grunde seines Herzens war er ein Amateur.

»Diese schreckliche Glocke!« Faith lächelte Roskill zu, als sie aufstand. »Ich muß sie reparieren lassen, damit David nicht mehr so tun kann, als hätte er sie nicht gehört. Wissen Sie, Hugh, manchmal glaube ich fast, daß er an Xenophobie leidet.«

Audley warf seiner jungen Frau einen nachsichtigen Blick zu.

»Xenophobie? Vielleicht habe ich die wirklich. Aber das ist ein altehrwürdiges, sehr vernünftiges Leiden, Schatz. Die Xenophoben leben noch, nachdem die Xenophilen längst von Fremden, die sie nachts in ihr Haus eingeladen haben, ermordet worden sind.«

Die Kette klirrte wieder, und der Klöppel kam kurz frei.

Faith ging zur Tür des Speisezimmers. »Ich wollte, ich könnte Ihnen versichern, daß das nicht sein Ernst ist, Hugh, aber ich fürchte, daß er es tatsächlich glaubt. Nur bin ich in der Rolle der Lady Macbeth hoffnungslos fehlbesetzt.«

Audley sah ihr nach, als sie den Raum verließ. »Und ich kann Ihnen noch etwas sagen. Glocken, die nach zehn Uhr abends läuten, sind Alarmglocken.« Er horchte nach draußen, wo Faith mit einem Mann sprach. »Jetzt geht es also nur noch darum, ob das Problem Sie oder mich betrifft. Wahrscheinlich mich, aber ich kann vorerst noch hoffen, daß es Sie angeht.«

Die Tür hinter Roskill wurde geöffnet.

»Major Butler ist hier, David«, sagte Faith. »Er muß dringend Hugh sprechen.«

Roskill drehte sich um. Butlers stämmige Gestalt erschien auf der Schwelle. Auf seinem rotbraunen Haar glitzerten Regentropfen: Das Wetter hatte endlich umgeschlagen.

»Hugh?« Audley sah nicht zu Roskill hinüber. »Nun, Butler, wir sind gerade beim Kognak – Sie lassen uns doch austrinken, bevor Sie Hugh fortschleppen? Trinken Sie ein Glas mit uns. Ihre Hiobsbotschaft hat ein paar Minuten Zeit.«

»Ich will ihn keinesfalls fortschleppen, Doktor Audley.« Butler setzte sich. »Einen Kognak trinke ich gern. Und was die sogenannte Hiobsbotschaft betrifft – Ihr Urlaub ist morgen ohnehin zu Ende, Hugh. Was kann es Schlimmeres geben?«

»Jack, Sie wissen genau, wann mein Urlaub zu Ende ist!« Er mußte sich wehren; selbst ein Kaninchen wehrte sich. »Morgen früh um acht rasiere ich mir diesen Bart ab. Um zehn hole ich die Post in meinem Büro ab und bin um drei Uhr nachmittags auf dem Flugplatz Snettisham. Das ist alles seit Monaten vereinbart. In den nächsten zehn Wochen gehöre ich der Royal Air Force. Nicht Sir Frederick und ganz bestimmt nicht Ihnen!«

Er sah sich hilfesuchend um. Faith lächelte mitfühlend, aber Audley wirkte eher erleichtert ...

»Ich soll zehn Wochen lang meine Kenntnisse wiederauffrischen, Jack – das ist fest vereinbart. Zehn Wochen, damit ich noch Karriere machen kann, wenn Sir Frederick mich zurückschickt. Diese Vereinbarung wollen Sie doch nicht etwa brechen, Jack?«

»Richtig, Ihr Bart.« Der Major grinste. »Deswegen bin ich übrigens auch hier. Sie sollen ihn behalten, obwohl Sie damit wie ein Pirat aussehen.«

»Ich fahre nicht mit einem Bart nach Snettisham!«

»Sie fahren überhaupt nicht nach Snettisham, Hugh. Zumindest vorläufig nicht.«

»Der Bart wird abrasiert, und ich fahre nach Snettisham«, erklärte Hugh.

Butler runzelte die Stirn. »Seien Sie doch nicht kindisch, Mann! Wenn Sie morgen Ihre Uniform anziehen, tragen Sie sie auch in Zukunft – aber auf irgendeinem gottverlassenen Flugplatz beim Bodenpersonal. Dann ist Schluß mit der Fliegerei.«

Sie schienen ihn dringend zu brauchen, wenn sie so schweres Geschütz auffuhren. Aber sie wußten nicht, wie wirkungslos ihre Drohung war. Und solange sie nichts davon ahnten, war das seine Stärke, nicht seine Schwäche.

Der Form halber ein letzter Protest.

»Ich habe ohnehin praktisch Flugverbot, weil ich nie zum Fliegen komme. Stellt sich Sir Frederick das unter einem Gentlemen's Agreement vor?«

Faith schob ihren Stuhl zurück. »Ich koche lieber Kaffee, bevor ich weggeschickt werde.«

Butler schüttelte hastig den Kopf. »Nein, nein, bleiben Sie nur, Mrs. Audley.« Er sah zu Hugh hinüber. »Hören Sie mir wenigstens erst zu. Vielleicht wollen Sie dann gar nicht mehr so eilig zur RAF zurück. Und Sie können wirklich hierbleiben, Mrs. Audley. Vielleicht können Sie uns sogar helfen.«

Faith blieb bereitwillig sitzen. Roskill fühlte sich unbehaglich. Das sah Butler nicht ähnlich – dem sicherheitsbewußten Major Butler, der Frauen mißtraute und Amateure haßte.

»Bitte weiter, Jack. Ich möchte endlich wissen, warum ich meinen Bart behalten soll.«

Butler atmete hörbar auf. »Am Dienstag abend ist der Wagen eines Beamten des Foreign Office gestohlen worden. Der Besitzer heißt Llewelyn.«

Audley zog die Augenbrauen hoch. »Etwa David Llewelyn?«

»Sie kennen ihn?«

»Ja, von früher. Wir haben gegeneinander Rugby gespielt.«

»Jemand hat also Llewelyns Wagen geklaut«, stellte Roskill fest, als Audley schwieg. »Das ist heutzutage in London eine Art Berufsrisiko.«

»Der Wagen ist in Oxford gestohlen worden«, stellte Butler richtig. »Er hat ihn um halb sieben am Radcliffe Square geparkt, weil er im All Souls College zum Abendessen eingeladen war. Um Mitternacht war der Wagen verschwunden. Er ist um sieben Uhr am nächsten Abend in Bicester aufgefunden worden.«

Roskill wußte, wo Bicester lag: Kaum ein Dutzend Meilen nördlich oder nordöstlich von Oxford. Die RAF wartete dort Maschinen, die Amerikaner wollten in der Nähe eine Staffel F-111 stationieren, und die Army hatte dort ein Materialdepot.

»Ein paar Soldaten haben den letzten Bus verpaßt und sich einen Wagen geliehen. Das kommt vor.«

Butler nickte. »Ja, so etwas kommt vor. Die Polizei hat den gleichen Verdacht geäußert. Der Wagen ist im Bereich des Materialdepots entdeckt worden.«

Roskill warf ihm einen mißtrauischen Blick zu. »Was für ein Wagen war das überhaupt?«

»Ein Vanden Plas Princess – das Vierlitermodell.«

»Gut, Jack, ich spiele Ihr Spielchen mit, obwohl Sie gleich

auspacken könnten. Der falsche Wagen ist vom falschen Ort gestohlen worden. Habe ich recht?«

»Warum der falsche Wagen?« fragte Faith.

»Wenn ich in die Kaserne zurückwollte, würde ich keinen so großen und auffälligen Wagen klauen. Und nicht auf einem hellen Platz mitten in Oxford. Ich würde einen Mini aus einer dunklen Seitenstraße nehmen. Stimmt's, Jack?«

»Aber der Wagen ist doch gefunden worden, Hugh«, warf Faith ein. »Was soll also die Geheimnistuerei?«

»Er ist zu spät entdeckt worden, Faith«, erklärte ihr Roskill. »Hätte er als Ersatz für den letzten Bus gedient, wäre er innerhalb einer Stunde abgestellt worden. Jedenfalls hätte er schon vormittags auffallen müssen.«

»Richtig, denn er war so geparkt, daß er den Verkehr behinderte«, stimmte Butler zu. »Als er entdeckt wurde, war der Motor noch warm.«

»Das hätten Sie uns alles in zwei Minuten erzählen können«, stellte Roskill fest. »Warum kommen Sie nicht einfach zur Sache?«

»Zur Sache?«

»Ich weiß nicht, wer dieser Llewelyn ist. David scheint ihn zu kennen, aber er hält vorsichtshalber den Mund. Da andere Leute auf die gleichen Punkte wie ich gestoßen sein müssen, ist der Wagen vermutlich untersucht worden. Dabei dürfte eine Abhöranlage gefunden worden sein. Die Frage ist nur: Was geht das mich an?«

»Die dortige Polizei hat keinen einzigen Fingerabdruck gefunden«, berichtete Butler. »Das hat sie mißtrauisch gemacht.«

»Ich dachte, heutzutage sei jeder schlau genug, seine Fingerabdrücke abzuwischen?« warf Faith ein.

»Ganz recht, Mrs. Audley, aber nur Profis arbeiten so gründlich. Als der Wagen nach London zurückgebracht wurde, sollte der junge Jenkins ihn nach Wanzen – Abhörmikrofonen – durchsuchen. Sie kennen ihn doch, nicht wahr, Mrs. Audley?«

»Allerdings!« Faith lächelte. »Seine Haare sind ein bißchen zu lang, aber er sieht sehr gut aus. Er ist wirklich sehr nett.«

»Und ein verdammt guter Elektronikfachmann«, stellte Roskill fest. »Falls etwas zu finden war, hätte Alan Jenkins es sicher entdeckt. War denn etwas zu finden?«

»Allerdings, Hugh.« Der Major sah ihm ins Gesicht. »Aber wir wissen nicht, was es war. Jenkins ist tot. Was er entdeckt hat, ist explodiert. Er ist tot.«

Roskill starrte ihn verständnislos an.

»Er hatte den Auftrag, alle Wanzen zu entfernen«, fuhr Butler fort. »Llewelyn wollte den Wagen schnellstens zurück. Jenkins hatte ihn schon ganz durchsucht und war in der Montagegrube, um sich die Unterseite des Wagens anzusehen. Er hat etwas unter dem Fahrersitz entdeckt und noch auf Tonband gesagt: ›Das ist interessant.‹ Dann ist etwas explodiert.«

Ausgerechnet Alan Jenkins! Roskill stöhnte innerlich. Harrys jüngerer Bruder, der ein Elektronikgenie war und sich in seiner Firma langweilte, als er ihn kennengelernt hatte. Damals hatte er sich gefreut, ihm zu einem besseren Job verhelfen zu können ...

»Es ist schnell vorbeigewesen, Hugh«, sagte Butler. »Er hat bestimmt nichts mehr gespürt. Er war nicht darauf gefaßt – niemand hat damit gerechnet, verdammt noch mal!«

»Aber warum, Major Butler – warum?« fragte Faith erschrocken. »Warum sollte jemand Jenkins in die Luft sprengen wollen?«

»Nicht Jenkins, Mrs. Audley. Der Mord an Jenkins war sinnlos – als hätte man einen Vorkoster vergiftet. Das Attentat hat Llewelyn gegolten, aber die Durchführung war halb clever, halb unbeholfen. Hätte ihn jemand ermorden wollen, hätte er sich die Sache einfacher machen können; hätte ihm jemand nur

Angst einjagen wollen, wäre nicht so viel Aufwand nötig gewesen.«

Roskill nickte langsam. Butler hatte recht gehabt – Alan Jenkins war ihm wichtiger als Snettisham. Diesmal würde er um so besser arbeiten, weil ihm der Auftrag Gelegenheit gab, Alan zu rächen.

Aber das war falsch, grundfalsch! Normalerweise traf genau das Gegenteil zu: Persönliches Interesse an einem Fall war unerwünscht. Folglich hätte er der letzte Mann sein müssen, der für diesen Job angeworben wurde. Und es gab noch einen zweiten Grund: Llewelyn hatte nichts mit Fliegerei zu tun, sonst hätte er ihn gekannt, und ein verpatztes Attentat war keine Aufgabe für einen Luftfahrtexperten.

Was hatte Butler also vor? Roskill spürte, wie ihm ein kalter Schauer über den Rücken lief. Butler war dafür bekannt, daß er stets die unangenehmsten Aufträge übernahm . . .

»Warum sollte jemand Llewelyn ermorden wollen?« erkundigte er sich vorsichtig.

»Vielleicht kann Doktor Audley uns das sagen.«

Audley stellte langsam sein Glas ab. »Ich bin ihm zum letztenmal vor zehn, elf Jahren nach einem Rugbyspiel begegnet.«

»Aber Sie wissen über ihn Bescheid?« fragte Butler.

»Ich weiß, daß er ein Schuft ist.« Audley sah zu Roskill hinüber. »Und *er* weiß, was er will – wie Butler hier. Aber leider wird er es nicht bekommen.«

»Was soll das heißen, David?« warf Faith verständnislos ein. Ihr Gesicht wirkte im Kerzenschein blasser und schmaler. Sie sah hilfesuchend zu Roskill hinüber. »Wissen Sie, was er meint, Hugh?«

»Natürlich weiß er das, Schatz!« erklärte ihr Audley. »Hinter Hugh steckt mehr, als die meisten denken. Er ist nicht nur ein schlauer Expilot. Er hat bestimmt gerochen, daß hier etwas faul ist.«

Roskill beobachtete Butler. »David meint damit, Faith, daß Jack ebensogut zu Hause auf mich hätte warten können, um mir das mit dem Bart zu sagen. Aber statt dessen mußte er herkommen, Ihnen alles erzählen und uns eine große Szene vorspielen, was er sonst nie getan hätte. Stimmt's, Jack? Das haben Sie getan, weil Sie es nicht auf mich, sondern von Anfang an auf David abgesehen hatten!«

Butler reckte das Kinn vor. »Audley kann uns helfen. So einfach ist die Sache.«

»Warum haben Sie ihn dann nicht einfach gefragt, verdammt noch mal?«

»Auch ganz einfach. Er hätte sich weigern können.«

»Und ich weigere mich auch! Llewelyn kann in seinem eigenen Saft schmoren, bis . . .«

»David!« Faith war empört. »Wie kannst du das sagen, wenn jemand ihn ermorden will – wenn Alan Jenkins bereits tot ist. Willst du nicht mithelfen, seine Mörder zu finden?«

Audley schüttelte den Kopf. »Merkst du nicht, daß du genau das sagen solltest, Schatz? Begreifst du nicht, daß wir den Attentäter nie mehr fassen werden? Und selbst wenn wir ihn stellen könnten, würden wir nur einen Idioten erwischen, der sich einbildet, seine patriotische Pflicht getan zu haben. Und das würde sie nicht daran hindern, Llewelyn in die Luft zu sprengen, wenn sie unbedingt wollten, und es macht auch den jungen Jenkins nicht wieder lebendig.«

»Aber sobald das Tatmotiv bekannt ist, kann Llewelyn wirkungsvoll geschützt werden«, stellte Butler fest. »Dabei können Sie uns helfen.«

»Du kannst unmöglich ablehnen, David«, behauptete Faith.

»Ja, ich weiß – mir soll gar keine andere Wahl bleiben. Dein empfindliches soziales Gewissen und Hughs Freundschaft mit Jenkins sollen den Ausschlag geben. Aber ich weigere mich, mich auf diese Weise erpressen zu lassen!«

Richtig, überlegte Roskill sich. Butler ist auf Audleys Hilfe angewiesen, aber er hat das Pferd vom falschen Ende aufgezäumt. Mit moralischer Erpressung ist bei Audley nichts zu machen. Ich könnte Butler helfen, aber dazu müßte er erst einmal auspacken.

»Nur eine Frage, Jack: Bin ich noch interessant oder nur der Köder, mit dem der große Fisch gefangen werden soll?«

»Sie sind beide interessant.«

»Gut, dann müssen Sie eben mit mir zufrieden sein.« Roskill hoffte, daß der Major seinen Bluff durchschauen würde. »Was tut Llewelyn eigentlich so Wichtiges, daß er zum Ziel eines Attentats wird?«

Butler schüttelte den Kopf. »Das ist eben das Merkwürdige, Hugh. Llewelyn tut anscheinend nichts Ungewöhnliches.«

»Unsinn!« warf Audley ein. »Llewelyn tut immer irgend etwas. Er ist gar nicht imstande, nichts zu tun.«

»Aber du hast doch behauptet, ihn kaum zu kennen«, widersprach Faith.

»Ich bin ihm nur jahrelang nicht mehr begegnet. Deshalb habe ich vergessen, Vorsichtsmaßnahmen zu treffen. Er hat dafür gesorgt, daß ich aus der Gruppe Naher Osten versetzt worden bin.«

Roskill starrte ihn ungläubig an.

»Das hat Ihnen wohl niemand erzählt, Hugh? Warum bin ich offiziell zur Gruppe Europa gegangen? Was meinen die anderen?«

»Die meisten halten Ihren Wechsel für einen klugen Schachzug«, antwortete Roskill vorsichtig.

»Ich habe ein sinkendes Schiff verlassen, was?« Audley lächelte bitter. »Fred hat dieses Gerücht verbreitet, um meinem Image nicht zu schaden. Aber in Wirklichkeit bin ich aufs Abstellgleis geschoben worden, weil ich Llewelyn im Wege war.

Ich habe zu viele unangenehme Fragen gestellt und zu viele unpassende Antworten gegeben.«

Llewelyn hatte also mit dem Nahen Osten zu tun; das war zu vermuten gewesen, weil Audley in diese Sache verwickelt war.

»Ich weiß nicht, warum wir nicht schon früher zusammengestoßen sind. Er muß gewartet haben, bis er mich in Abschußposition manövriert hatte. Ich glaube, er hat den Chef beinahe davon überzeugt, ich sei ein israelischer Agent!«

Roskill kannte das Gerücht, Audley hatte stets sehr eng, zu eng mit den Israelis zusammengearbeitet.

»Ich habe mich ein bißchen mit ihm befaßt, als alles vorbei war.« Audley seufzte. »Nach außen hin spielt er den großen Pragmatiker, aber innerlich ist er durch und durch Idealist. Ich habe ihn in Verdacht, daß er ein zweiter Lawrence von Arabien werden will. Er bewundert die Araber und glaubt, sie würden lieber mit uns als mit sonst jemandem verhandeln, weil wir die einzigen sind, die eine Art Liebesaffäre mit Arabien gehabt haben. Das Dumme ist nur, daß die intelligenten jungen Leute meistens auf der falschen Seite stehen – wie im Jemen. Er hat versucht, sie zu bremsen.« Audley sah zu Butler hinüber, als merke er erst jetzt, daß er ausgehorcht wurde. »Ich bin jedenfalls deswegen ... befördert worden: Meine Ratschläge haben nicht immer zu seinen Ideen gepaßt. Und ich habe bekanntlich nichts gegen die Israelis.«

»Aber warum will er, daß du ihm jetzt hilfst, Liebling, wenn er dich nicht leiden kann?« fragte Faith. »Und warum bittet er dich nicht offen um deine Unterstützung?«

»Das Wort würde ihm im Hals steckenbleiben, glaube ich. Er bildet sich vermutlich ein, ich hätte nützliche Privatkontakte.« Audley schüttelte den Kopf. »Da irrt er sich gewaltig.«

»Er ist anderer Meinung«, warf Butler ein. »Ihr Mann hat eigene Verbindungen gehabt, Mrs. Audley, das weiß jeder.«

»›Gehabt‹ ist richtig. Sie sind in diesem einen Jahr längst abgerissen. Ich kann nicht einfach dort weitermachen, wo ich aufgehört habe. Mich wundert nur, daß Llewelyn sich einbildet, das sei ohne weiteres möglich.«

»Er hat seinen Wagen gesehen, Doktor Audley«, stellte Butler nüchtern fest. »Er hat Angst.«

»Angst? Natürlich hat er die! Ich auch – und deshalb denke ich gar nicht daran, für ihn die Kastanien aus dem Feuer zu holen!«

»Das brauchen Sie nicht. Uns genügt ein Tip: wer und warum.«

Audley schüttelte den Kopf. »Nein! Außerdem muß ich jetzt an Faith denken. Ich würde es nicht einmal tun, wenn ich könnte. Bestellen Sie ihm, ich sei nicht interessiert.«

Der Major stand auf. »Gut, wie Sie wollen, Doktor Audley.« Er sah zu Roskill hinüber. »Dann muß Hugh uns helfen. Kommen Sie einen Augenblick mit nach draußen, Hugh? Danke, wir finden allein hinaus, Mrs. Audley. Entschuldigen Sie die Störung.«

Roskill stand mit Butler unter dem Vordach des alten Hauses. Er war nur ungern mitgekommen, denn Audley würde sich denken können, was hier besprochen wurde. Aber er wollte wenigstens retten, was zu retten war.

»Verlangen Sie bitte nicht, daß ich hineingehe und ihn überzeuge, Jack. Das wäre zwecklos. Sie haben alles gründlich vermurkst. Jetzt wird die Sache verdammt schwierig.«

Butler zuckte mit den Schultern. »Ich hab' ihnen gesagt, daß er nicht darauf 'reinfallen würde. Aber Stocker hat gemeint, wir dürften ihn nicht zu sehr unter Druck setzen, weil er sonst einfach kündigen würde – und dann würde Fred einen Riesenkrach schlagen. Deshalb war angeblich nichts zu verlieren.« Er schnaubte. »Die Kerle haben alle Angst, wenn Sie mich fragen.«

»Das wundert mich nicht. Aber was hat Llewelyn getan, um in diese Lage zu kommen?«

»Stocker behauptet, keine Ahnung zu haben, aber die Sache muß schon schlecht stehen, wenn sie zu Audley gehen, obwohl sie ihn beide nicht leiden können. Aber Audley hat einen prima Ruf als Rätselrater und anerkannt gute Beziehungen im Nahen und Mittleren Osten.«

»Jetzt angeblich nicht mehr.«

»Ich weiß nur, daß er dringend gebraucht wird. Sie müssen ihn jetzt überreden, Hugh – Sie und seine Frau mit ihrem sozialen Verantwortungsbewußtsein.«

»Ist das der einzige Grund für meine Beteiligung an dieser Sache?« erkundigte sich Roskill.

Der Major schüttelte den Kopf. »Das kann ich nicht beurteilen. Sie wissen, daß Sie Jenkins für den Geheimdienst angeworben haben und seine Familie kennen. Und sie wissen, daß Audley Sie gern hat. Aber ich glaube, daß noch etwas anderes dahintersteckt... Sie waren vor Ihrem Urlaub in Israel, nicht wahr?«

»Ja, aber das war nichts Besonderes. Ich habe ein paar Piloten kennengelernt, eine umgebaute MiG Einundzwanzig gesehen und über SAMs gesprochen. Alles reine Routine.«

Butler nickte. »Jedenfalls sollen Sie morgen um halb zwölf zu einer Besprechung ins Hotel Queensway am Bloomsbury Square kommen. Zimmer hundertvier. Offiziell sind Sie in Snettisham. Bringen Sie Audley mit – oder erscheinen Sie wenigstens mit Bart.« Der Major setzte sich in seinen Rover. »Noch etwas, Hugh – die Sache mit dem jungen Jenkins tut mir wirklich leid. Verdammtes Pech!«

»Hätte's ihn nicht erwischt, hätte ein anderer dran glauben müssen«, stellte Roskill nüchtern fest.

»Aber er hat eigentlich doppelt Pech gehabt. Es hätte Maitland erwischen müssen. Maitland hatte eigentlich Dienst.«

»Warum also nicht Maitland?«

Butler ließ den Motor an. »Höhere Gewalt, wie die Versicherungsgesellschaften sagen. Bei dem Sturm ist letzte Nacht ein halber Baum über Maitlands Telefonleitung gefallen – er wohnt draußen in East Grinstead. Maitland war nicht zu erreichen, und Jenkins mußte für ihn einspringen. Wirklich Pech.« Er sah zu Roskill auf. »Wenn Sie ihn rächen wollen, müssen Sie Audley überreden, Hugh. So einfach ist die Lage.«

Roskill beobachtete den Rover, bis seine Schlußlichter hinter der Hecke verschwanden. Jenkins' Tod war also doppelt zufällig gewesen – ein sinnloser, grausam zufälliger Tod. Roskill schrak zusammen, als die Haustür hinter ihm geöffnet wurde.

»Hugh! Warum stehen Sie hier draußen in der Kälte? Sie schauen so aus, als hätten Sie ein Gespenst gesehen.«

»Vielleicht haben Sie recht, Faith«, murmelte er. »Vielleicht habe ich wirklich eines gesehen.«

Sie legte ihm die Hand auf den Arm. »Alan Jenkins? Das mit ihm tut mir schrecklich leid. Ich kann's noch immer nicht recht glauben.«

»Sie haben doch nichts dagegen, wenn ich David um Hilfe bitte, Faith?«

»Natürlich nicht! Ich finde, es ist seine Pflicht, Ihnen zu helfen. Aber...« Sie schüttelte bedauernd den Kopf. »Aber es hat keinen Zweck, ihn darum zu bitten, Hugh. Er weigert sich bestimmt. Die Versetzung aus der Gruppe Naher Osten hat ihn zutiefst gekränkt, obwohl er das nicht zugibt. Er hat sich ernsthaft mit dem israelisch-arabischen Problem beschäftigt, hatte gute Freunde auf beiden Seiten und war deshalb der beste Mann seiner Gruppe. Und ich glaube, daß er diesen Llewelyn wirklich haßt. Darum sind Überredungsversuche zwecklos.«

»Ich muß es trotzdem versuchen, Faith«, antwortete Roskill entschlossen. »Mir ist vorhin etwas eingefallen, was wir bisher alle übersehen haben.«

Audley ergriff die Initiative, als sie zurückkamen. »Tut mir leid, Hugh, aber Sie bekommen die gleiche Antwort wie Butler. Nein! Schenken Sie sich also noch einen Kognak ein, und belästigen Sie mich nicht weiter.«

Roskill lächelte sarkastisch.

»Was ist los, Hugh?« Audley starrte ihn verwirrt an. »Habe ich etwas Witziges gesagt?«

Die Sache war im Grunde genommen wirklich amüsant. Llewelyn rang sich dazu durch, einen Mann, den er nicht mochte – und der ihn haßte –, um Hilfe zu bitten. Und alles vergebens.

Das würde Audley überzeugen: nicht die Tragödie, sondern der grausame Scherz.

»Die Bombe in dem Princess war keineswegs für Llewelyn bestimmt, David. Der Anschlag hat Jenkins gegolten. Nur Jenkins.«

2

Roskill lag in nassem Farnkraut auf einer Zeltbahn und beobachtete, wie Mrs. Maitland eine halbe Meile unter ihm ihre Kinder in ihren VW setzte. Er kam sich etwas dumm vor, weil sie ihn auf keinen Fall erkannt hätte, selbst wenn er an ihr vorbeigegangen wäre: Sie war eine harmlose Hausfrau, die ihre Kinder zur Schule fuhr. Aber Audley hatte darauf bestanden, daß er so vorsichtig wie möglich arbeitete; niemand durfte ahnen, was sie vorhatten.

Er beobachtete den VW durchs Fernglas, bis er hinter einer Kurve bei der nächsten Farm verschwand. Dann stand Roskill auf und legte die Zeltbahn zusammen. Mrs. Maitland würde etwa vierzig Minuten fortbleiben; Maitland selbst war vor einer halben Stunde abgefahren und saß inzwischen in seinem Zug.

Roskill ging zu seinem Triumph, den er am Waldrand gelassen hatte, und brachte Fernglas und Zeltplane im Kofferraum unter. Dabei sah er sein Spiegelbild in der Heckscheibe und fragte sich, an wen er mit Bart, Lederjacke, Schirmmütze und Gummistiefeln erinnerte. Vielleicht an einen baskischen Revoluzzer, aber bestimmt nicht an einen Postbeamten vom Störungsdienst. Er schüttelte den Kopf über sich selbst und machte sich auf den Weg zu Maitlands freistehendem Haus.

Unterwegs dachte er über die geringen Erfolgsaussichten seines Unternehmens nach. Falls sich kein Beweis dafür fand, daß die Telefonleitung absichtlich unterbrochen worden war – sollte er dann einen erfinden, um Audley zufriedenzustellen? Das hatte er ursprünglich vorgehabt, bevor er auf die Wahrheit gestoßen war: Jeder Schritt der unbekannten Attentäter war clever und ungeschickt zugleich gewesen, aber sie hatten damit ihr wahres Ziel erreicht. Das Abhörmikrofon war von einem Experten entfernt worden – von einem ganz bestimmten Experten.

Das Jenkins-Gambit, wie Audley es genannt hatte. Einen Vorkoster ermordet man am besten, indem man das Essen seines Herrn vergiftet – dann sieht das Ganze nach einem Betriebsunfall aus!

Und es hätte beinahe wirklich geklappt. Da ein so wichtiger Mann wie Llewelyn bedroht zu sein schien, wäre Jenkins normalerweise übersehen worden. Die Attentäter hatten nicht damit rechnen können, daß jemand wie Roskill, der Jenkins persönlich kannte, auf der Bildfläche erscheinen würde – und selbst er war mehr durch Zufall auf die Wahrheit gestoßen.

Der einzige schwache Punkt ihres Plans war die Sache mit der Telefonleitung gewesen. Sie hätten warten sollen, bis Jenkins ohnehin wieder Dienst hatte. Oder hatten sie aus irgendeinem Grund nicht so lange warten können? Dann wäre aus dem schwachen Punkt ein kalkuliertes Risiko geworden ...

Zumindest war die Stelle leicht zu finden. Das Fahrzeug des

Störungstrupps hatte in der regennassen Erde am Straßenrand tiefe Spuren zurückgelassen. Aber der Baum war nicht – wie Butler behauptet hatte – auf die Leitung gefallen, sondern ein großer abgestorbener Ast hatte das Kabel durchschlagen. Roskill blieb unter der Ulme stehen, sah zu dem abgebrochenen Ast hinauf und stellte fest, daß die Bruchstelle deprimierend natürlich aussah.

Roskill hatte nicht zum erstenmal Zweifel an seiner brillanten Theorie. Die Sache konnte verdammt peinlich werden, wenn er Audley unter Vortäuschung falscher Tatsachen dazu brachte, Llewelyn zum Narren zu halten. Falls das Attentat doch nicht Jenkins gegolten hatte, war Audley blamiert – und Dr. Audley war kein Mann, den Roskill sich zum Feind wünschte.

Er sprang über den Straßengraben, an dem die Ulme stand. Auf der anderen Seite war das Gras zertreten und voller Sägemehl, weil dort der Ast zersägt worden war. D Holz würde gut brennen: Es war trocken, aber nicht angefault.

Nicht angefault... Merkwürdig. Roskill betrachtete wieder den Aststumpf und wunderte sich, daß der abgebrochene Teil nicht annähernd senkrecht zu Boden gefallen war. Dann hätte er die Telefonleitung bestimmt verfehlt. Statt dessen war er auffällig nach links abgewichen, als sei er... als sei er gezogen worden!

Gezogen! Roskill ärgerte sich, daß er erst jetzt darauf kam. Man brauchte nur ein Seil über den Ast zu werfen und kräftig daran zu ziehen. Aber einer oder zwei Männer waren dafür zu wenig; dazu brauchte man einen Wagen, an dem man das Seil befestigen konnte. Roskill versuchte abzuschätzen, wo dieser Wagen gestanden haben müßte: etwa links von der Ulme auf dem freien Feld.

In der Sturmnacht war es trocken gewesen, so daß ein Fahrzeug keine auffälligen Spuren hinterlassen haben würde. Roskill suchte den Boden trotzdem sorgfältig ab – und entdeckte etwas! Kaum zwanzig Meter von der Ulme entfernt zeigten vier in einem Rechteck angeordnete Vertiefungen, wo die Autoräder kurz durchgedreht hatten, bevor der Wagen das Tauziehen gegen den Ulmenast gewonnen hatte. Das waren die Spuren eines Land-Rovers, mit dessen Hilfe die Telefonleitung sabotiert worden war.

Roskill war erleichtert und wütend zugleich. Sein Verdacht hatte sich hier bestätigt: Maitland war absichtlich behindert worden, damit Jenkins gerufen werden mußte. Aber das bedeutete auch, daß jemand viel zu gut über den Technischen Dienst informiert war. Und daß jemand zuviel über Llewelyns Terminkalender wußte.

Roskill holte seine Minox aus der Jackentasche.

3

Audley stand mit einer Illustrierten vor der Nase am vereinbarten Treffpunkt in Grosvenor Gardens: zehn Meter vor der Einmündung der Buckingham Palace Road. Als Roskills Triumph neben ihm hielt, machte er sich nicht die Mühe, die Identität des Fahrers festzustellen. Er stieg wortlos ein.

Roskill fuhr an. »Wir haben recht gehabt«, sagte er.

Audley nickte. »*Sie* haben recht gehabt, meinen Sie. Ich war ohnehin von Ihrer Theorie überzeugt.«

»Sie haben ein Seil an den Baum gehängt und mit einem Land-Rover gezogen«, berichtete Roskill. »Nicht an dem ganzen Baum, nur an einem großen Ast. Die Reifenspuren sind eindeutig, wenn man weiß, wonach man suchen muß.« Er holte einen Briefumschlag aus dem Handschuhfach. »Fotos, Skizze und Bericht – alles da.«

Audley sah sich nur die Fotos an.

»Sie haben mit niemandem gesprochen?«

»Mit niemandem. Und niemand hat mich gesehen. Den Film habe ich selbst entwickelt.« Roskill machte eine Pause. »Das Ganze ist unser privates Geheimnis.«

»Das soll es vorerst auch bleiben.« Audley steckte den Umschlag in seine Illustrierte. »Die anderen brauchen nicht zu wissen, daß wir uns mit Jenkins befassen. Irgendwann erfahren sie es doch, aber ich möchte diesen Zeitpunkt möglichst lange hinausschieben. Sie verstehen doch, was ich meine?«

Roskill begriff nur allzu gut: Sobald Llewelyn erfuhr, daß sie wegen Jenkins' Tod ermittelten, würde er die richtigen Schlüsse ziehen. Und sobald er erkannte, daß ihm keine Gefahr drohte, war ihr Spiel aus. Dann hatte Audley keine Möglichkeit mehr, seinen alten Feind zu blamieren, indem er gleichzeitig Jenkins rächte...

»Natürlich verstehe ich«, sagte er ruhig. »Wir wollen ihn schwitzen lassen.«

»Ganz recht.« Audley warf Roskill einen prüfenden Blick zu. »Aber Sie verstehen trotzdem nicht ganz, glaube ich. Sie halten Llewelyn und mich für Schweinehunde. Und ich bin zufällig der Schweinehund, der Ihnen im Augenblick paßt. Stimmt's?«

»Ich finde«, antwortete Roskill zögernd, »daß Sie das Richtige aus einem ... einem schäbigen Grund tun.«

Audley nickte nachdenklich. »Ein kleinlicher Rachefeldzug? Ja, das hat etwas für sich. Aber das haben Sie schon gestern abend gewußt – und Sie sind trotzdem zurückgekommen, um mich zu überreden.«

»Ich beschwere mich gar nicht. Sie haben mir eine Frage gestellt, und ich habe sie ehrlich beantwortet.«

»Was würden Sie dazu sagen, wenn ich Ihre Motive kritisch untersuchen wollte, mein lieber Hugh? Ich könnte mich beispielsweise fragen, warum die anderen so sicher waren, daß Sie mitmachen würden.«

»Das habe ich Ihnen gestern erklärt. Ich habe Jenkins ursprünglich angeworben.«

»Ja, ja, schon gut!« Audley war sichtlich nicht überzeugt. »Ich gebe zu, daß es für mich etwas Verlockendes hat, David Llewelyn blamieren zu können. Aber dieser Streit lenkt uns von der eigentlichen Frage ab: Warum, zum Teufel, hatte es jemand auf Alan Jenkins abgesehen? Llewelyn ist gar kein schlechter Kandidat für einen Attentatsversuch. Ein einflußreicher Mann wie er ist immer gefährdet, aber Jenkins war nicht wichtig. Er hätte zumindest nicht wichtig sein dürfen. Und trotzdem ist er jemandem plötzlich sehr wichtig erschienen...«

»Jemandem, der außerdem verdammt gut über die Abteilung informiert ist«, warf Roskill ein. »Sie müssen genau gewußt haben, was passieren würde, wenn Maitland nicht erreichbar war.«

»Sie haben außerdem gewußt, wo Llewelyn war, und haben die Reaktion aller Beteiligten richtig eingeschätzt.« Audley runzelte die Stirn. »Aber wenn sie einen Unfall simulieren wollten, haben sie sich zuviel Mühe gegeben. Ein normaler Verkehrsunfall wäre leichter zu arrangieren gewesen. Dabei hätte sich niemand etwas gedacht. Aber vielleicht haben sie nicht gewußt, wo er gewohnt hat?«

»Richtig, er ist ständig umgezogen«, stimmte Roskill zu. »Um seinen ehemaligen Freundinnen zu entgehen, glaube ich. Er hat nie seine neue Adresse angegeben.«

»Hmmm, das könnte der Grund gewesen sein.« Audley nickte. »Sie mußten ihn schnell erledigen, wußten aber nicht, wo er zu finden war. Aber sie haben gewußt, wo er gearbeitet hat!«

Roskill schwieg bedrückt.

»Ich bezweifle, daß andere Leute die Dinge so sehen werden

wie wir«, fuhr Audley fort. »Sobald feststeht, daß Llewelyn außer Gefahr ist, wird die Führungsspitze aufatmen. Danach folgt unweigerlich die Reaktion: nur keine Umstände, nur keine Aufregung! Das bedeutet, daß wir uns unbeliebt machen, wenn wir weiterbohren. Ich bin schon zu bekannt, und Sie haben Ihr geheimnisvolles persönliches Motiv...« Audley wartete auf eine Erklärung. »Wir müssen einander vertrauen, Hugh. Ich habe Ihnen vertraut. Halten Sie mich nicht für vertrauenswürdig?«

Roskill warf ihm einen überraschten Blick zu. »Sie haben mir vertraut?«

»Allerdings! Ich habe Ihnen geglaubt, daß Sie sich die Sache mit Jenkins ohne Butlers Hilfe ausgedacht haben. Ich habe Ihnen sogar noch mehr vertraut... Haben Sie sich schon einmal überlegt, daß das Ganze Llewelyn dazu dienen könnte, mich hereinzulegen? Das würde ich ihm zutrauen!«

»Aber denken Sie doch an die Tatsachen, David! Llewelyn hat den Ast nicht heruntergezogen.«

»Tatsachen lassen sich arrangieren. Aber ich habe Ihnen, wie gesagt, vertraut und mich von Ihnen überzeugen lassen. Das war von Anfang an beabsichtigt. Zuerst Butler, dann Faith, dann Sie. Ich möchte endlich wissen, warum zuletzt Sie an der Reihe waren!«

Roskill seufzte. Er hätte am Abend zuvor, als Audley sich nicht ausschließlich auf ihn konzentrierte, etwas mehr erzählen sollen. Jetzt mußte er aus reiner Notwehr Harry erwähnen.

»Ich habe Alan Jenkins nicht einmal gut gekannt, David. Wir hatten nie viel gemeinsam. Aber sein Bruder Harry... Wir waren beide in der gleichen Staffel. Er war ein prima Kerl, ein guter Kamerad. Ich war ein paarmal bei ihm in East Firle, Sussex, auf Urlaub.« Roskill machte eine Pause. »Ich habe die Familie ziemlich gut kennengelernt – nette Leute. Harrys Vater war im zweiten Weltkrieg Geschwaderkommodore. Er ist vor einigen Jahren gestorben.«

Gott sei Dank, daß er auch tot war. Alle männlichen Familienmitglieder waren jetzt tot. Der Alte hätte es nicht in einem Haus voller Frauen ausgehalten – selbst wenn sie so charmant wie Tante Mary waren.

»Merkwürdigerweise habe ich Alan als letzten kennengelernt – er war immer irgendwo im Internat. Ich war damals schon nicht mehr bei der Staffel. Ich wußte, daß er ein begabter Elektronikfachmann war, und er hat mir erzählt, er sei mit seinem Job unzufrieden. Und da Sir Frederick uns immer ermahnt, nach neuen Talenten Ausschau zu halten ...«

»Was ist aus Harry geworden?« unterbrach ihn Audley.

»Harry hat auf meine Empfehlung hin mein Kommando bekommen, als ich in die Abteilung übernommen wurde.« Roskill machte eine Pause. »Er ist eine Woche später in Wales gegen einen Berg geflogen.«

»Und Sie haben das Gefühl, Sie hätten an seiner Stelle sein sollen?«

Roskill schüttelte den Kopf. »Nein, das nicht. Das war Harrys Berg.«

»Aber Sie fühlen sich trotzdem schuldig?«

»So könnte man's nennen. Wahrscheinlich wäre mir wohler, wenn ich den Staffeldienst aus rein patriotischen Gründen aufgegeben hätte ... Wissen Sie, David, ich hatte die Fliegerei ein bißchen satt. Fred hat mir diesen Job angeboten – den Job und die Beförderung. Und nun sind Harry und Alan tot, weil ich mich gelangweilt habe. Ich weiß, daß ich sie nicht umgebracht, sondern nur empfohlen habe. Und jetzt wäre ich froh, wenn ich wenigstens Alans Tod rächen könnte, wenn ich irgendeinen Schuldigen in die Finger bekäme. Kindisch, nicht wahr?«

Audley nickte langsam. »Ja, das ist kindisch. Aber ich kenne dieses Gefühl. Man schlägt nach den Brennesseln, in die man gestolpert ist – kindisch, aber sehr befriedigend.« Er machte eine Pause. »Noch etwas, Hugh: Wie würde man Sie heutzutage in ... äh ... East Firle aufnehmen? Würden die Leute Ihnen Vorwürfe machen?«

»Nein, nein, bestimmt nicht! Sie wissen gar nicht, daß ich mit beiden Fällen zu tun gehabt habe. Aber sie würden mir vermutlich nicht einmal dann Vorwürfe machen – das entspräche gar nicht ihrer Art.«

Roskill konzentrierte sich so sehr auf eine Parklücke, die er dreißig Meter vor ihnen entdeckt hatte, daß er die Bedeutung von Audleys Frage nicht gleich erfaßte. Er begriff sie erst, als er den Triumph eingeparkt hatte.

»Sie meinen doch nicht ... Großer Gott, David! Soll ich etwa nach East Firle fahren?«

»Jemand muß hinfahren.«

Roskill umklammerte den Griff der Handbremse. Für Audley schien alles sonnenklar zu sein. Daß in East Firle etwas passiert sein sollte, war fast undenkbar. Und trotzdem ...

»Spielen Sie nicht den Dummen, Hugh, nur weil Sie nicht hinwollen. Sie müssen fahren, weil Sie als Freund der Familie auftreten können. Sie haben einen harmlosen Grund für Ihre Anwesenheit. Würde ich dort gesehen, wäre unser Spiel aus. Aber Sie halten sie vielleicht für harmlos – zumindest für einige Zeit.«

»Wer sind ›sie‹?«

»Das müssen Sie herausbekommen. Vielleicht ist niemand mehr dort. Aber irgend etwas ist passiert, während Jenkins Urlaub hatte. Sonst hätten sie Zeit gehabt, einen anderen Unfall zu inszenieren – einen glaubwürdigeren Unfall. Aber sie scheinen es sehr eilig gehabt zu haben. Irgend etwas war so wichtig, daß sie ein großes Risiko eingehen mußten, um ihn sofort zum Schweigen zu bringen.«

»Aber warum sollte das gerade in East Firle passiert sein?«

»Ich weiß nicht, wo es passiert ist. Aber wir müssen dort anfangen.«

Roskill seufzte. Alan hatte bestimmt einen Teil seines Urlaubs zu Hause verbracht – wie Harry hatte es ihn stets dorthin gezogen. Roskill war sich darüber im klaren, daß nur er für diesen Auftrag in Frage kam. Aber er haßte es, an einem Ort, wo er einst glücklich gewesen war, herumschnüffeln zu müssen.

»Gut, David, ich fahre nach Firle. Und Sie haben nicht die geringste Vorstellung davon, wonach ich dort suchen soll?«

»Vorläufig noch nicht die geringste. Aber vielleicht bekommen wir bald ein paar Hinweise.«

»Von den Leuten, die uns im Hotel Queensway erwarten? Aber sie reden bestimmt nur über Araber und Israelis und versuchen festzustellen, welche Seite wütender auf Llewelyn ist. Und das hilft uns nicht weiter.«

Oder vielleicht doch? Er warf Audley einen prüfenden Blick zu. Das Attentat war kein Unternehmen von Amateuren gewesen. Es hatte Personal, Ausrüstung und Zielstrebigkeit erfordert. Und Informationen, vor allem Informationen. Da nicht anzunehmen war, daß Llewelyn und Jenkins überwacht worden waren, damit diese Operation durchgeführt werden konnte, mußten die Täter von bereits vorhandenen Informationen ausgegangen sein.

Damit schieden alle eifersüchtigen Freunde, betrogenen Ehemänner und empörten Väter aus, die Jenkins in seinem Kielwasser zurückgelassen haben konnte. Für diesen Job kamen nur Profis in Frage, die auch Llewelyn hätten ermorden können, wenn sie gewollt hätten.

»Wir müssen uns anhören, was sie in Zimmer hundertvier zu erzählen haben, Hugh. Aber als erstes müssen wir herausbekommen, was *ich* nicht wissen soll. Sie gehen also allein hinauf; ich lasse Sie ein paar Minuten ungestört mit ihnen reden.«

Roskill runzelte die Stirn. Worauf wollte der Mann jetzt wieder hinaus?

Audleys Augen glitzerten hinter seiner Brille. »Sie werden

voraussichtlich den Auftrag bekommen, mich nebenbei im Auge zu behalten, verstehen Sie? Das hoffe ich jedenfalls, weil wir uns dann keine Gedanken darüber zu machen brauchen, ob wir etwa beschattet werden. Deshalb möchte ich, daß sie Zeit haben, Sie anzuwerben.«

Roskill versuchte, sich nicht anmerken zu lassen, was er im Augenblick dachte. Er hatte erst einmal mit Audley zusammengearbeitet und ihn dabei tatsächlich überwachen müssen. Dieser Job hatte ihm nicht gefallen, und er war auch jetzt nicht davon begeistert.

Audley hielt sein Zögern für ehrliches Widerstreben.

»Ich weiß, wie Ihnen zumute ist, Hugh«, meinte er entschuldigend. »Das ist irgendwie unfair, nicht wahr? Aber die anderen bestimmen die Spielregeln, und wir müssen uns danach richten.«

Alan und Harry und East Firle – und jetzt machte Audley ein Spiel daraus, verdammt noch mal! Roskill bedauerte fast, daß er sich vor dem Fliegen gedrückt hatte.

4

Roskill erkannte nur zwei der fünf Gesichter, die sich ihm zuwandten, als er den Raum betrat. Noch schlimmer: Das freundliche trug einen wütenden Ausdruck, das gefährliche lächelte zur Begrüßung.

»Ah, Roskill«, sagte Stocker. »Ich freue mich, daß Sie kommen konnten.«

Butlers Gesichtsausdruck verfinsterte sich. Aber das war nur verständlich. Am Abend zuvor hatte er loyal einen Befehl ausgeführt, der ihm widerstrebte, und war scheinbar gescheitert.

Roskill zuckte mit den Schultern. »Ich freue mich nicht gerade. Aber Jack kann sehr überzeugend argumentieren, wenn er sich Mühe gibt.

»Und Audley?«

Diese Frage kam von dem großen Mann, der in einem Sessel in der Ecke saß. Die beiden übrigen waren farblose Durchschnittserscheinungen, deren Gesichter man sofort wieder vergaß. Aber die energische Art und der schwache walisische Akzent des großen Mannes erleichterten die Identifizierung.

»Mr. Llewelyn, nehme ich an?«

»Kommt Audley?« fragte Stocker und lächelte nicht mehr.

»Er müßte jeden Augenblick da sein.«

Das Lächeln kam zurück. Das Ganze war also Stockers Idee gewesen. Llewelyn wirkte überrascht; er hatte Audley anscheinend selbst nach Jahren besser eingeschätzt als Stocker. Die beiden mußten sich sehr ähnlich sein.

»Sie scheinen auch sehr gut argumentieren zu können, Roskill«, warf Llewelyn ruhig ein.

»Ich bin von anderer Seite moralisch unterstützt worden.« Sie hatten mit Faith gerechnet, deshalb konnte es nicht schaden, sie zu erwähnen. »Aber ich glaube nicht, daß er glücklicher als ich ist. Ihre Methoden sind uns beiden nicht sonderlich sympathisch.«

»Aber auf andere Weise hätten wir Sie nicht beide zur Mitarbeit gewinnen können«, stellte Stocker fest.

Llewelyn beugte sich vor. »Sie haben schon früher mit Audley zusammen gearbeitet? Mit beachtlichem Erfolg, wie man hört.«

»Nur einmal, und der Erfolg war nicht mein Verdienst – ich war nur der Laufbursche. Außerdem hatte der Job etwas mit Luftfahrt zu tun, während dieser hier . . .«

»Richtig, dieser ist anders.« Llewelyn lehnte sich zurück. »Was wissen Sie über die politische Lage im Nahen Osten?«

»Nicht mehr als jeder andere Zeitungsleser.«

»Aber Sie waren selbst dort. Sie waren vor Ihrem Urlaub in Israel, nicht wahr?«

»Ja, aber ich habe dort ausschließlich mit militärischen Fragen zu tun gehabt. Ich bin über die israelische Luftwaffe informiert und kenne dort unten ein paar Flugplätze. Das ist der Nahe Osten, über den ich Bescheid weiß.«

Llewelyn nickte. »Gut, einverstanden. Aber welche Seite bevorzugen Sie? Persönlich, meine ich.«

»Die Araber oder die Israelis? Ich glaube, daß beide recht und unrecht haben, und würde beiden nicht trauen. Aber sie stehen beide nicht auf meiner Seite, deshalb bin ich dafür, daß wir endlich zur Sache kommen!«

Audley konnte jeden Augenblick hereinplatzen, und Roskill hatte noch nichts erreicht.

»Gut, Roskill«, begann Llewelyn, nachdem er einen Blick mit Stocker gewechselt hatte, »das interessiert Sie vielleicht nicht sonderlich, aber allem Anschein zum Trotz besteht eine geringe Chance, daß es im Nahen Osten zu einer Einigung kommt. In dieser Situation könnte eine vertrauensvolle Geste viel helfen – und ein Beweis gegenseitigen Hasses könnte alles verderben.«

»Zum Beispiel Ihr Tod?«

Llewelyn betrachtete ihn gleichmütig. »Vielleicht, obwohl das eigenartig klingen mag. Ich habe hinter den Kulissen gearbeitet – wie, braucht Sie nicht zu kümmern.«

»Aber wer hat Interesse an Ihrem Tod? Wer will die Entwicklung auf diese Weise beeinflussen?«

»Das ist eben die Hauptschwierigkeit. Auf beiden Seiten gibt es Falken und inoffizielle Gruppen. Aber darüber können wir mit Audley diskutieren. Ich möchte zuerst mit Ihnen über Audley sprechen. Würden Sie sich als sein Freund bezeichnen?«

»Ja – soweit jemand das überhaupt sein kann.«

Llewelyn nickte ernst. »Gut. Wir brauchen einen Freund, der ihn beschützt.«

»Beschützt? Ich bin doch kein Leibwächter!« protestierte Roskill. »Dafür brauchen Sie jemanden mit mehr Erfahrung.«

»Nicht vor anderen Leuten, sondern vor sich selbst«, warf Stocker ein. »Audley ist brillant, aber er ist unpraktisch und eigensinnig. Diesmal könnte ihn das in eine unangenehme Lage bringen, und wir müssen rechtzeitig davon erfahren – durch Sie.«

»Sie haben ihn letztesmal im Auge behalten«, stellte Llewelyn fest. »Das sollen Sie auch diesmal tun. Nicht mehr und nicht weniger.«

»Hat Stocker Ihnen auch gesagt, daß ich das nur unter Protest getan habe? Und ohne großen Erfolg? Audley ist nicht gerade vertrauensselig.«

»Aber Sie kennen ihn jetzt besser«, sagte Llewelyn. »Wenn Sie es fertiggebracht haben, ihn herzulotsen, traue ich Ihnen auch das andere zu. Sie sind also einverstanden?«

Bevor Roskill antworten konnte, wurde an die Tür geklopft. Audley erschien auf der Schwelle. Er war genau zehn Sekunden zu früh gekommen, obwohl er die Frage kannte und bereits die Antwort gegeben hatte. Roskill mußte sich darauf beschränken, Llewelyn schweigend zuzunicken, und merkte, daß Audley dieses Zeichen richtig deutete.

»Ah, ich freue mich, Sie wiederzusehen, mein Lieber«, begrüßte ihn Stocker. Als Audley nur grunzte und über seine Brille hinweg Llewelyn anstarrte, der seinen Blick eisig erwiderte, fuhr Stocker fort: »Llewelyn kennen Sie natürlich, aber Yeatman haben Sie noch nicht kennengelernt, glaube ich.«

Audley riß sich von Llewelyn los und nickte dem kleineren Unscheinbaren zu.

»Und . . .«, begann Stocker.

»Cox«, sagte Audley. »Sonderabteilung.«

»Wir haben uns nie kennengelernt, Doktor Audley«, stellte Cox ruhig fest.

»Rom neunzehnhundertachtundsechzig. Ich bin auf Sie aufmerksam gemacht worden.« Audley zog sich einen Stuhl heran und sah wieder zu Llewelyn hinüber. »Jemand möchte Sie also beseitigen?«

»Anscheinend«, antwortete Llewelyn gelassen.

»Wer kommt dafür in Frage?«

»Alle, die Interesse an einem neuen Nahostkonflikt haben.«

»Wie die Volksfront zur Befreiung Palästinas?«

»Möglich. Oder die Söhne Eleazars.«

Audley schüttelte den Kopf. »Wenn die es auf Sie abgesehen hätten, wären Sie längst tot. Sind in den letzten Monaten ähnliche Attentatsversuche vorgekommen?«

»Nicht in Europa, soviel ich weiß.«

»Das möchte ich überprüfen lassen.«

Llewelyn nickte zu Yeatman hinüber.

»Und ich muß genau wissen, was Sie in letzter Zeit getan haben«, fuhr Audley fort.

»Yeatman kann Ihnen alle Informationen geben, die Sie brauchen.« Llewelyn sah zu Roskill hinüber, der unruhig auf seinem Stuhl hin und her rutschte. »Ja?«

»Wer sind die Söhne Eleazars, um Gottes willen?« fragte er.

»Sie gehören zur zweiten Generation jüdischer Terroristengruppen. Ein neuer Krieg wäre ihnen nur recht, und Attentate sind ihre Spezialität.«

»Unsinn!« knurrte Audley. »Die Söhne Eleazars sind nur die überzeugtesten Falken, aber selbst sie halten einen Krieg nicht für erstrebenswert, sondern nur für unvermeidbar.«

Llewelyn ignorierte ihn. »Meiner Meinung nach können Araber oder Israelis für den Anschlag verantwortlich gewesen sein, Roskill. Sie und Audley sollen feststellen, wer es war. Den Rest können Sie uns überlassen.«

»Aber Ihre Beweisführung beruht nur auf Hypothesen«, wandte Roskill ein. »Araber und Israelis verüben Attentate.

Araber und Israelis haben etwas gegen Friedensstifter. Sie sind ein Friedensstifter. Ihr Wagen fliegt in die Luft. Folglich muß er von Arabern oder Israelis präpariert worden sein. Das ist eine gewagte Beweisführung, finde ich.«

»Richtig«, stimmte Butler zu, »und was Friedensstifter betrifft, könnte ich Ihnen ein halbes Dutzend Waffenhersteller nennen, die bittere Tränen weinen würden, wenn der Nahostkonflikt morgen beigelegt würde.«

»Bisher haben wir jedenfalls keinerlei Beweise«, sagte Roskill ungewollt energisch.

»Wir haben zwei Hinweise«, warf Cox ein. »Einen aus Bicester, den anderen aus dem Wagen. Wir haben Bicester ziemlich gründlich vorgenommen, weil die Möglichkeit bestand, daß jemand den Wagen gesehen hatte, solange noch jemand am Steuer saß. Zwei Leute wollen etwa zur richtigen Zeit einen Mann in der Nähe des Fundorts gesehen haben. Beide haben ihn übereinstimmend als Araber oder Levantiner beschrieben.«

»Wenig genug«, murmelte Butler.

»Richtig, das ist nicht viel. Der Wagen war etwas ergiebiger. Die Untersuchung hat ergeben, daß er mit TPDX, einem russischen Plastiksprengstoff, sabotiert worden ist. Diese Neuentwicklung haben die Russen der Fatah zum erstenmal im Januar geliefert.«

»Also doch die Araber!« rief Roskill aus.

»So einfach ist die Sache leider nicht.« Cox schüttelte traurig den Kopf. »Die Guerillas hatten einen großen Teil der Lieferung in einem Vorposten bei Ghor as Safi, südlich des Toten Meeres, deponiert. Und dort ist der Plastiksprengstoff den Israelis bei einem Vergeltungsangriff in die Hände gefallen.«

»Folglich kommen weiterhin Araber und Israelis in Frage.«

»Ist der Angriff unternommen worden, um das TPDX zu erbeuten?« wollte Audley wissen.

»Ja, das vermuten wir«, gab Yeatman zu. »Die Wahrscheinlichkeit spricht dafür.«

»Sie behaupten also, die Israelis seien geschickt genug, um sich diesen Sprengstoff zu verschaffen, und zu dumm, um damit den richtigen Mann zu erledigen. Ich glaube, daß sie das Zeug nur aus dem Verkehr ziehen wollten. Aber wenn sie es benutzt hätten, wäre der Richtige in die Luft geflogen.« Audley holte tief Atem. »Ich bin davon überzeugt, daß die Israelis nicht als Täter in Frage kommen – aber ich überprüfe sie natürlich trotzdem wie die Araber.«

»Wenn Sie das tun, Doktor Audley«, schlug Yeatman vor, »könnten Sie sich besonders mit Ihrem Freund Colonel Shapiro befassen.«

Roskill setzte sich auf. Der israelische Offizier war ein alter Freund von Audley: Er hatte mit Audley in Cambridge studiert und war sein Trauzeuge gewesen. Und obwohl Shapiro eher komisch wirkte, war er ein erstklassiger Geheimdienstmann mit mehreren Tapferkeitsauszeichnungen.

»Was hat Shapiro getan?«

»Er hat am Morgen des Tages, an dem Llewelyns Wagen gestohlen wurde, plötzlich die Stadt verlassen. Anstatt wie jeden Mittwoch mit Ihnen zu lunchen, Doktor Audley, ist er nach Sussex gefahren und hat dort mit einem anderen Freund in Lewes zu Mittag gegessen.«

»Und danach ist er nach Oxford gefahren«, berichtete Llewelyn weiter, »um im All Souls vier Tische von mir entfernt zu Abend zu essen.«

Roskill überlegte angestrengt. Wie weit war Lewes von East Firle entfernt? Zehn Minuten mit dem Auto?«

»Solche Zufälle machen das Leben interessant«, fuhr Llewelyn fort. »Colonel Shapiro hat ein hieb- und stichfestes Alibi. Ich kann bestätigen, daß er meinen Wagen nicht angerührt hat.

Aber ich glaube, daß er mit an dem Attentat beteiligt war – als Komplice oder als Initiator.«

»Ausgeschlossen!« protestierte Audley. »Jake Shapiro würde nie so stümperhaft arbeiten. Hätte er Sie erledigen wollen, wären Sie jetzt tot.« Er schüttelte den Kopf. »Überraschend ist nur, daß er in diese Lage geraten ist...« Audley wandte sich wieder an Yeatman. »Wie steht's mit den anderen potentiellen Verdächtigen. Zum Beispiel mit dem Fatah-Vertreter? Und dem Volksfront-Mann? Was ist mit dem Ägypter, der Howeidis Job bekommen hat? Wie heißt er gleich wieder? Razzak? Er ist hier neu.«

Yeatman machte ein beleidigtes Gesicht, aber Stocker antwortete für ihn.

»Razzak scheidet aus – er ist am Mittwoch nach Paris gefahren. Das weiß ich, weil er mich nach der besten Schiffsverbindung gefragt hat.«

»Schiff?« fragte Roskill nachdenklich.

Stocker warf ihm einen spöttischen Blick zu. »Es gibt Leute, die im Gegensatz zu Ihnen nicht ins Fliegen vernarrt sind.« (Wie wenig sie wußten!) »Colonel Razzak fliegt nur, wenn's unbedingt sein muß, und diesmal hatte er Zeit.«

»Dover – Calais, nehme ich an?« erkundigte sich Audley.

»Nein, Newhaven – Dieppe. Die Fahrt ist etwas länger, aber weniger deprimierend.«

Roskill starrte sein Knie an, weil er nicht wagte, jemandem ins Gesicht zu sehen. East Firle war von Lewes aus leicht mit dem Auto zu erreichen; von Newhaven aus konnte man fast zu Fuß hingehen. Wieder ein Zufall, den man unmöglich übersehen konnte.

»Sie haben natürlich recht, wenn Sie jeden verdächtigen, Audley«, stellte Llewelyn fest. »Wir haben uns auch schon überlegt, ob Shapiro unschuldig sein könnte. Sie tippen eher auf die Volksfront für die Befreiung Palästinas, nicht wahr, Cox?«

»Nein, nicht auf die Volksfront ingesamt«, wandte Cox ein. »Sie beweist in letzter Zeit mehr Verantwortungsbewußtsein. Aber aus ihr haben sich einige Splittergruppen entwickelt, die mir Angst machen.«

»Zum Beispiel?«

Cox betrachtete Audley einige Sekunden lang schweigend. »Die eine, die ich meine, hat noch gar keinen Namen. Oder ich kann ihr zumindest keinen geben.« Er zuckte mit den Schultern. »Der einzige Name, den ich kenne, ist *Hassan*. Das ist ein Mann oder ein Tarnname für einen Mann, keine Gruppe. Ein Mann, der eine Gruppe befehligt – vielleicht einen Flügel der Volksfront oder eine Splittergruppe.«

»Und was hat Hassan bisher getan?«

»Offenbar nicht viel. Wir haben eigentlich nur Voraussagen gehört. Wenn ich ›wir‹ sage, meine ich übrigens den gemeinsamen Ausschuß, den wir neunzehnhundertneunundsechzig mit Interpol gebildet haben. Alle Informationen lassen sich in einem Satz zusammenfassen: Wenn Hassan sich etwas vornimmt, macht er keine Fehler.«

»Das würde aber bedeuten, daß Hassan in diesem Fall ausscheidet, Tom«, warf Llewelyn ein.

»Wir wissen allerdings nicht, ob er Sie beseitigen oder nur erschrecken wollte, Sir.«

»Erschreckt hat er mich, das steht fest. Aber das hätte er auch ohne Blutvergießen tun können.«

Cox schüttelte den Kopf. »Ich glaube nicht, daß er sich darüber große Sorgen macht. Wir haben es bisher mit fünf seiner Leute zu tun gehabt. Zwei sind nach polizeilicher Überprüfung wieder freigelassen worden – eigentlich sogar drei, wenn man den einen in Frankreich mitzählt. Alle drei sind seitdem verschwunden.«

»Und die beiden anderen?«

»Sie sind wegen unerlaubten Waffenbesitzes festgenommen

worden. Beide hatten eine Maschinenpistole in ihrer Wohnung – eigenartigerweise übrigens israelische Uzis.« Cox machte eine Pause. »Das war in Deutschland, und die Deutschen haben etwas gegen mit Maschinenpistolen bewaffnete arabische Studenten. Einer war übrigens ein Syrer, der andere ein Iraker. Sie sollten vor Gericht gestellt werden.«

»Aber dazu ist es nicht mehr gekommen?«

»Richtig. Der Syrer hat in der Untersuchungshaft Selbstmord begangen, und der Iraker ist in der Kleinstadt an der Schweizer Grenze, wo er inhaftiert war, von vier mit Uzis bewaffneten Maskierten befreit worden. Die Deutschen waren natürlich nicht darauf gefaßt, aber das Unternehmen war trotzdem sehr geschickt aufgezogen.«

»Das ist alles sehr interessant«, meinte Llewelyn, »aber es beweist nichts. Ich habe Ihre Akte Hassan gesehen, Tom. Falls dieser Hassan wirklich existiert, scheint er England noch nicht erreicht zu haben. Und falls er hier ist, wissen wir nicht einmal, was er vorhat.«

»Wir wissen jedenfalls, daß er seine Leute nicht im Stich läßt«, warf Roskill ein.

Llewelyn nickte langsam. »Wir müssen natürlich alle Möglichkeiten berücksichtigen. Aber diese Überprüfung kostet Zeit, und ich kann nicht ewig ein so... eingeengtes Leben führen. Das ist langweilig, und mir geht kostbare Zeit verloren.« Er wandte sich an Audley. »Was haben Sie also vor?«

Man sah Audley an, daß er die Vorstellung, Llewelyn müßte unendlich lange ein langweiliges, eingeengtes Leben führen, durchaus sympathisch fand. »Lassen Sie mir achtundvierzig Stunden Zeit, damit ich ein paar alte Bekannte besuchen und mit ihnen feilschen kann. Danach kann ich Ihnen wahrscheinlich sagen, wie die Dinge stehen.«

»Feilschen?« Stocker warf ihm einen neugierigen Blick zu. »Ich hätte nicht gedacht, daß Sie viel zu bieten haben.«

»Ganz recht, aber ich weiß, daß Roskill einige wertvolle Informationen besitzt. Wenn Sie nichts dagegen haben, daß wir ab und zu eine Kleinigkeit erwähnen, kommen wir wahrscheinlich ganz gut zurecht.«

»Ja, das könnten Sie tun.« Stocker sah zu Roskill hinüber. »Sie müssen inzwischen recht gut über die Luftstreitkräfte im Nahen Osten informiert sein – und ich habe nichts dagegen, wenn Sie im Interesse der guten Sache Einzelheiten preisgeben.«

»Sie vielleicht nicht, aber ich!« stellte Roskill fest. »Ich habe mir ...«

»Keine Angst, Hugh, wir zerstören Ihre Verbindungen nicht«, unterbrach ihn Audley. »Vielleicht können wir Ihnen sogar zu neuen verhelfen. Sie brauchen sich keine Sorgen zu machen.«

»Was übrigens Verbindungen betrifft«, warf Cox ein, »besitzen Sie eine äußerst wertvolle, die Sie vielleicht nicht zu würdigen wissen. Ich meine die Ryle-Stiftung.«

»Die Ryle-Stiftung?« wiederholte Roskill unsicher.

»Sie kennen Lady Ryle ziemlich gut, glaube ich«, sagte Cox. »Und Sir John Ryle.«

»Ja, ich kenne die Ryles. Aber ich habe nie etwas mit der Stiftung zu tun gehabt.« Er konnte sich nicht einmal daran erinnern, ob sie wohltätigen oder erzieherischen Zwecken diente. »Ich weiß gar nicht, ob Lady Ryle etwas damit zu tun hat.«

»Sie ist die Vizepräsidentin und gehört dem Stipendienausschuß an.« Cox erwartete offenbar, Roskill sei wesentlich besser über Lady Ryles Tätigkeit informiert.

Roskill fiel ein, was er über die Hintergründe der Stiftung gehört hatte. Ryles Vater – oder der Großvater? – hatte am Persischen Golf ein Vermögen verdient. Später hatte er offenbar Gewissensbisse bekommen, die Beute geteilt, eine Hälfte davon für die Familie behalten und die andere Hälfte in eine Stiftung zur Ausbildung von Arabern eingebracht.

»Sie wollen doch nicht etwa behaupten, die Ryle-Stiftung sei subversiv?« Roskill setzte zum Gegenangriff an. »Sie ist so solide wie die UNESCO – und finanziell erheblich gesünder.«

»Sie sind also über die Ryle-Stiftung informiert?«

Roskill machte eine vage Handbewegung. »Ich weiß nur, was die Ryles davon erzählt haben. Sie haben gesagt . . .«

»Was haben sie gesagt?« drängte Cox.

Roskill begriff endlich, was hier gespielt wurde. Jenkins und Audley und die Ryles: Drei Punkte, die unter normalen Umständen seine Disqualifikation bedeutet hätten, machten ihn diesmal zum idealen Kandidaten. Die Zeit drängte; sie konnten nicht warten, bis es ihnen gelungen war, einen Profi in der Stiftung unterzubringen. Sie brauchten jemanden, der dort bereits eingeführt war.

»Was ist an der Ryle-Stiftung faul?« fragte er geradeheraus.

Cox sah zu Llewelyn hinüber. »Ich weiß, daß einige unserer Arabienfachleute der Meinung sind, die Stiftung sei in Ordnung«, begann er.

»Elliott Wilkinson, der für sie arbeitet, schwört jeden Eid darauf«, bestätigte Llewelyn.

Audley schnaubte verächtlich.

»Ich bin anderer Meinung«, stellte Cox fest. »Falls Hassans Leute hier sind, können sie durch die Stiftung nach England gekommen sein. Und ich glaube, daß sie hier sind.«

5

Roskill langweilte sich und war müde und durstig. Im Augenblick war der Durst am schlimmsten. Er wäre noch erträglich gewesen, wenn Roskill nicht genau gewußt hätte, was ihm bevorstand: Da die meisten Gäste Araber waren, würden die versprochenen Drinks ganz im Sinne des Propheten alkoholfrei sein. Der Abend war natürlich eine anglo-arabische Veranstaltung, aber die Art der Erfrischungen hing davon ab, wer im Organisationskomitee den Ton angab – die Araber würden den trinkfesten Engländern etwas bieten wollen, und die Engländer würden Rücksicht auf die religiösen Vorschriften der Araber nehmen. Roskill konnte nur hoffen, daß die arabische Fraktion diesmal stärker gewesen war.

Er wußte nicht, was schlimmer war: der Durst oder die Langeweile. Der Vortrag ›Ein Querschnitt durch die arabische Literatur‹ hätte schon vor zehn Minuten zu Ende sein sollen, aber der Redner hatte sich irgendwo im mittelalterlichen Persien verirrt. Er hatte eine gute – oder schlechte – Viertelstunde gebraucht, um auf die Hauptstraße zurückzufinden, und hinkte noch immer zwei Jahrhunderte hinterher. Die Organisatoren hatten unglücklicherweise den langweiligsten Redner für zuletzt eingeteilt – oder sie hatten nicht geahnt, daß er so gottverdammt langweilig war ...

Roskill streckte die Beine aus. Daß er müde war, hatte kaum etwas mit seiner morgendlichen Expedition zu Maitlands Telefonleitung, sondern eher mit dem Schnellkurs zu tun, dem er sich nach der Besprechung im Hotel Queensway nachmittags hatte unterziehen müssen. Ein Beamter des Außenministeriums hatte ihn über die verschiedenen arabischen Gruppierungen informiert, damit er abends die Nationale Befreiungsbewegung nicht mit der Volksdemokratischen Front oder der Palästinensischen Befreiungsbewegung verwechselte.

Langeweile und Müdigkeit erwiesen sich als stärker als Roskills Durst, und er dachte an die Szene nach der Besprechung im Hotel zurück, als Audley triumphierend grinsend an seinem Wagen gestanden hatte.

»Wir haben mehr bekommen, als wir gegeben haben, Hugh. Sie haben Ihre Rolle erstklassig gespielt. Nicht zu clever, damit die anderen keinen Verdacht schöpfen – gut gemacht!«

Aber Roskill war sich darüber im klaren gewesen, daß er sich leider nicht absichtlich verstellt hatte, und er hatte Audleys Grinsen nur zögernd erwidert.

»Das Ganze ist natürlich eine abgekartete Sache«, hatte Audley ihm versichert. »Sie verdächtigen Jake Shapiro nicht mehr als ich. In Wirklichkeit haben sie vor diesem Hassan Angst, was unter Umständen bedeutet, daß sie mehr über ihn wissen, als sie zugeben wollen. Ich soll nur die Gegenprobe machen.«

»Was tun wir also?«

»Wir tun, was wir tun sollen – zumindest vorläufig. Sie fahren zu Ihrem Schnellkurs ins Außenministerium und gehen heute abend zu dieser Vortragsveranstaltung der Ryle-Stiftung. Wer weiß, vielleicht ist das ganz nützlich.« Audley hatte sich die Hände gerieben. »Und ich muß erst einmal feststellen, was eigentlich wirklich los ist . . .«

Audley hatte sehr zufrieden gewirkt, aber Roskill war keineswegs glücklich gewesen: Er hatte gespürt, daß er in Audleys Spiel nicht einmal mehr der Juniorpartner war. Trotzdem hatte er keine Möglichkeit gesehen, dieser Degradierung zu entgehen, denn ohne Audley hatte er keine Chance, sich zu rächen, und der große Mann würde niemals eine untergeordnete Rolle spielen. Er mußte den Mund halten und durfte sein Ziel nicht aus den Augen verlieren.

»Und morgen früh können Sie gleich nach Firle fahren und sich dort umsehen«, hatte Audley hinzugefügt. »Falls Sie etwas zu berichten haben, bin ich zu Hause zu erreichen. Danach können wir hoffentlich auf eigene Faust weiterarbeiten.«

Nun, irgendwann würde Audley vielleicht nicht mehr alle Entscheidungen allein treffen können ... irgendwann ...

Roskill schrak zusammen, als die Zuhörer um ihn herum erleichtert klatschten; er hatte nicht mitbekommen, daß der Vortrag endlich vorbei war. Als jetzt der Sturm auf den Erfrischungsraum einsetzte, hielt er sich etwas zurück, weil er sah, daß der Inhalt der Silberschüsseln auf den Tischen so fruchtig war, wie er befürchtet hatte. Nachdem er die Gesichter der Ober betrachtet hatte, näherte er sich einem kleinen grauhaarigen Mann, dessen rote Nase Verständnis erwarten ließ.

»Gibt es denn nichts anderes als dieses ... dieses Zeug?« Roskill deutete auf die alkoholfreie Mischung und schob gleichzeitig ein Fünfzigpencestück unter die Serviette neben der rechten Hand des Obers. »Um Gottes willen, geben Sie mir einen anständigen Drink!« flüsterte er dabei.

»Das hier ist ein sehr durststillendes Getränk, Sir«, versicherte ihm der Grauhaarige. Er sah nicht nach unten, aber seine Finger betasteten das siebeneckige Geldstück. »Für die arabischen Gentlemen, meine ich.«

Er bückte sich kurz hinter den Tisch und tauchte mit einem großen Glas auf, auf dessen Rand er eine Gurkenscheibe steckte.

»Tarnung, Sir – nur zur Tarnung«, erklärte er Roskill.

Das Ganze sah trotzdem wie ein Drink für einen arabischen Gentleman aus, und Roskill roch mißtrauisch daran. Das Glas enthielt Scotch. Er trank einen Schluck. Der Whisky war hervorragend. Er nickte dem Grauhaarigen dankend zu und wandte sich ab, um in der Menge nach denen Ausschau zu halten, die Cox ihm auf Fotos gezeigt hatte, weil sie aus irgendwelchen Gründen verdächtig waren. Bisher hatte er noch keines dieser Gesichter wiedererkannt.

Als Roskill sich umdrehte, um andere Gäste zu beobachten, wäre er beinahe mit dem Mann hinter ihm zusammengestoßen.

»Entschuldigung!« sagte er hastig.

»Nichts passiert«, antwortete der große braungebrannte Engländer, der wie Roskill ein mit einer Gurkenscheibe getarntes Glas in der Hand hielt. »Havergal«, stellte er sich vor. »Wir kennen uns noch nicht?«

Im Programm war ein Colonel Havergal als Ausschußmitglied aufgeführt gewesen.

»Roscoe«, murmelte Roskill absichtlich undeutlich. Er stand jetzt in einer Gruppe von Arabern und Engländern, aus der es so leicht kein Entrinnen gab. Die anderen sahen ihn erwartungsvoll an. »Mein Fachgebiet ist Meerwasserentsalzung«, erklärte er. Wenn der Beamte des Außenministeriums recht behielt, würde das seine Gesprächspartner zufriedenstellen.

»Und wie sind die Fortschritte auf Ihrem Gebiet?« fragte ein dicker Araber mit Narben im Gesicht. »Werden Sie die Wüste zum Blühen bringen?«

»Mit genügend Zeit und Geld«, antwortete Roskill vorsichtig. Alle wissenschaftlichen Vorhaben brauchten Zeit und Geld.

»Sie glauben also nicht, daß die Atomenergie das Verfahren beschleunigen könnte?« wollte der Dicke wissen. »Van Pelts Bericht ist Ihrer Meinung nach voreilig?«

Roskill trank einen Schluck Whisky und gab vor, über diese Frage nachzudenken. Das irritierte den hageren jungen Mann neben ihm ganz offensichtlich. Roskill sah seine Chance.

»Mit genug Zeit und Geld«, wiederholte er dogmatisch, »können wir genug Ackerland gewinnen, um alle Palästinaflüchtlinge anzusiedeln.« Er sah erleichtert, wie fanatisch ihn der junge Mann anstarrte.

»Ihr Land ist ihnen weggenommen worden«, sagte der junge Mann hitzig, und die blonde Amazone neben ihm nickte dazu. »Sie brauchen Gerechtigkeit – keine verdammte Umsiedlung!«

Roskill blieb seiner Rolle treu. »Getreide wächst nicht auf Gerechtigkeit, sondern auf fruchtbarem Boden. Für einen Bauern ist ein Stück Land so gut wie das andere, wenn er es nur bestellen kann. Würde die Hälfte aller für Waffenkäufe aufgewandten Mittel für Entsalzungsprojekte bereitgestellt ...«

Seine ketzerischen Ansichten gingen im allgemeinen Protestgeschrei unter. Alle redeten plötzlich über Palästina, den Zionismus und die Befreiungsbewegung – nur Havergal und der Araber nicht. Sie beide wirkten eher gelangweilt; anscheinend kannten sie die vorgebrachten Argumente längst.

»Entsalzungsprojekte!« rief der junge Mann aus, als handle es sich um eine besonders gemeine Art biologischer Kriegführung. »Der Frieden im Nahen Osten wird nicht durch Forschungsvorhaben, sondern nur durch die Vernichtung Israels erreicht!«

»Es kann keinen Frieden geben, bevor nicht jeder Flüchtling in seine Heimat zurückgekehrt ist«, pflichtete ihm die Amazone bei.

Andere Leute drehten sich bereits nach ihnen um. Roskill kam sich wie ein Pfadfinder vor, dessen kleines Lagerfeuer einen Waldbrand entfacht hat. Aber zum Glück löschte der Araber die Flammen – indem er eine breite Hand hob, deren Zeigefinger fehlte.

»Ich glaube, daß Mr. Roskill das Flüchtlingsproblem keineswegs leugnen will«, erklärte er den anderen. »Er betont nur, daß unser militärischer Kampf uns nicht von unseren langfristigen Zielen ablenken darf. Und sagt nicht auch der Vorsitzende Mao ›Der heutige Kämpfer auf dem Schlachtfeld ist der morgige Arbeiter auf den Reisfeldern‹?«

Roskill murmelte verwirrt irgend etwas Zustimmendes. Großer Gott, der Mann hat mich *Roskill* genannt! dachte er. Das bedeutet, daß ich erkannt worden bin – von jemandem, dessen Foto mir Cox nicht vorgelegt hat.

»Kommen Sie, wir lassen unsere Gläser nachfüllen, mein Lieber«, forderte Havergal ihn freundlich auf.

Roskill ließ sich benommen wegführen. Das Schlimmste war, daß der Araber auch noch ihren Rückzug deckte.

»Diese Techniker«, hörte Roskill ihn sagen, »sind zwar gute Fachleute, aber politisch so naiv, daß sie . . .«

Havergal blieb mit ihm vor dem Tisch des grauhaarigen Obers stehen. »Noch mal das gleiche, Wadsworth«, wies er ihn an. Er gab Roskill sein Glas zurück. »Das hätte peinlich werden können, Ross . . . Sie heißen doch Ross?«

Die prominentesten Engländer in der Ryle-Stiftung waren politisch einwandfrei – von Llewelyns Freund Wilkinson abgesehen, vor dem Audley ihn gewarnt hatte. Jedenfalls konnte Roskill sich schlecht vorstellen, daß Havergal etwas unterstützen würde, was er als Soldat oft genug bekämpft hatte.

»Roskill.«

»Roskill?« Havergal wiederholte den Namen nachdenklich. »Ich sehe Sie zum erstenmal hier, glaube ich. Sie kommen wohl eben erst von dort unten zurück?«

Havergal war zu gerissen, um sich lange täuschen zu lassen, aber Roskill wußte, daß er den Colonel erst einweihen durfte, wenn der andere überprüft worden war. Deshalb mußte er versuchen, ihn vorerst hinzuhalten. »Ich bin mit Sir John und Lady Ryle befreundet.«

»Ah, tatsächlich?« Havergal sah sich suchend um. Was er vorhatte, war klar.

»Lady Ryle weiß nicht, daß ich heute abend hier bin.« Roskill hatte geahnt, daß es sich als katastrophal erweisen würde, daß er sie nachmittags nicht erreicht hatte.

»Sie weiß nichts davon?« Havergals Tonfall war eher neutral als ungläubig. »Dann ist das eine angenehme Überraschung für sie, nicht wahr? Dort kommt sie gerade – sollen wir ihr entgegengehen?«

Sein Vorschlag und die Geste, mit der er Roskill den Vortritt ließ, waren praktisch ein Befehl.

Roskill sah sie zuerst: Die dunklen Haare so sorgfältig getönt, daß niemand ahnen konnte, daß damit die ersten grauen Haare verdeckt wurden; das ebenmäßige Gesicht, das Intelligenz und Selbstvertrauen, aber auch Güte und innere Wärme verriet. Kein Wunder, daß sich alle Wohltätigkeitsorganisationen um Lady Ryle rissen ...

»Meine Liebe, hier ist ein Freund von Ihnen, glaube ich«, sagte Havergal beinahe zögernd, als widerstrebe es ihm, sie in eine peinliche Lage zu bringen.

»Hugh!«

»Isabel.«

Er hatte mit wenigen Worten andeuten wollen, welche Rolle er hier spielte, aber er brachte sie nicht heraus. Isabel hätte bestimmt geschickt reagiert: Sie hatten sich beide oft genug verstellen müssen. Auch jetzt verbarg sie ihre Überraschung, indem sie Freude zeigte.

»Wie schön, daß wir uns hier treffen!« Sie wandte sich an Havergal. »Staffelkapitän Roskill und ich sind uralte Freunde, Archie – es war nett von Ihnen, ihm zu helfen, mich zu finden.« Sie lächelte Hugh zu. »Ich dachte, du wärst in Snettisham?«

»Snettisham?« Havergal runzelte die Stirn. Dienstgrad und Ort ließen auf einen Beruf schließen, der nichts mit Meerwasserentsalzung zu tun hatte, aber Bart und unbeholfene Vorstellung sprachen dagegen. Havergal begriff vor allem nicht, warum sich eine Frau wie Isabel Ryle so freute, diesen zweifelhaften Typ wiederzutreffen. »Ich kenne Ihren Kommandeur, Roskill.«

»Valentine?« Roskill wußte, daß Valentine früher Hunters in Aden und am Golf geflogen hatte. Dabei konnten sich die beiden Männer kennengelernt haben.

»Ganz recht«, stimmte Havergal zu und betrachtete ihn prüfend.

»Meine Pläne haben sich plötzlich geändert«, erklärte Roskill Isabel. Meine Pläne für heute abend ebenfalls, dachte er. Mir bleibt nichts anderes übrig, als sie in diese Sache hineinzuziehen. »Können wir uns heute abend kurz treffen?« Er sah zu Havergal hinüber und faßte einen raschen Entschluß. »Sie auch, Colonel?«

»Nehmen Sie am gemeinsamen Abendessen teil, meine Liebe?« fragte Havergal.

»Nein, Archie. Ich bin eben erst aus dem Urlaub zurückgekommen und habe schrecklich viel zu tun.«

»Ich gehe auch nicht hin«, sagte Havergal. »Ich war eigentlich verabredet.« Er sah zu Roskill hinüber. »Aber ich sage ab.«

»Hat das nicht Zeit bis morgen, Hugh?« wollte Isabel wissen. »Ich habe wirklich viel zu tun – und bin sehr müde.«

»Die Sache ist dringend, nicht wahr, Roskill?« warf der Colonel ein. »Und wenn sie uns beide betrifft, muß es etwas sein, was ich längst befürchtet habe.«

6

Erst nachdem Roskill in der Bunnock Street geparkt hatte, wurde ihm klar, daß er aus alter Gewohnheit dort hingefahren war. Er konnte diese schäbige Sackstraße mit ihren grauen Häuserfronten nicht ausstehen, obwohl sie jetzt im Licht der wenigen Straßenlaternen etwas besser aussah. Aber die Bunnock Street besaß drei Vorzüge, die in der Vergangenheit stets über seine Abneigung triumphiert hatten: Hier gab es immer genügend Parkplätze, die Stadtwohnung der Ryles war zu Fuß in zwei Minuten zu ereichen, wenn man über den Friedhof St. Biddulph ging, und an der Ecke zur King's Row stand eine Telefonzelle. Kein Ehebrecher konnte mehr verlangen.

Nachdem Roskill den Wagen geparkt hatte, lehnte er sich zurück und starrte die Straße entlang. Das hatte er oft getan, wenn er auf Isabel gewartet hatte. Damals hatte er kaum auf die scheußliche Straße geachtet, aber jetzt befand er sich im Dienst, und selbst der gute Whisky der Ryle-Stiftung verhinderte nicht, daß er deprimiert war.

Nach einiger Zeit sah er auf die Uhr. Vor einer knappen Dreiviertelstunde hatte er den Empfang verlassen und vor einer halben Stunde die Abteilung angerufen. Aber auch das war deprimierend gewesen, weil er damit rechnen mußte, an jemanden zu geraten, der ihn gut kannte – und ihn jetzt noch besser kennen würde ...

»Archibald Havergal?« hatte Howe gefragt. »Soll das ein Witz sein? Colonel Archibald Havergal – herrlich!«

»Ich will nur ein paar Informationen und eine Sicherheitsfreigabe, Dummkopf. Und eine Freigabe für Isabel Ryle, Sir John Ryles Frau. R-Y-L-E ...«

»Du brauchst den Namen nicht zu buchstabieren, alter Junge. Lady Ryle ist mir durchaus ein Begriff. Pferderennen, Kunstausstellungen, Wohltätigkeitsbälle und so weiter – eine aparte Erscheinung, aber wohl eine Klasse zu hoch für dich und mich ... Aber mach dir deshalb keine Sorgen! In einer halben Stunde sind wir fertig, Hugh. Die Informationen sind schnell zu beschaffen, aber ich muß erst jemanden suchen, der die Freigaben erteilt.«

Roskill war unruhig geworden, je länger Howe sprach, und seine Unruhe hatte sich seitdem nicht gelegt. Selbst die Gewißheit, daß es Howe peinlich sein würde, wenn er merkte, wie nahe sein Witz der Wahrheit gekommen war, nützte nicht viel.

Roskill hätte versuchen sollen, Stocker zu erreichen, aber der Abend war so katastrophal gewesen, daß er sich nicht darüber ausfragen lassen wollte, bevor er seine Gedanken zu Papier gebracht hatte.

Aber jetzt konnte er sich nicht länger vor dem Unangenehmen drücken: Howe hatte eine halbe Stunde Zeit gehabt, und Havergal würde bald zu Isabel kommen.

Howe war, wie befürchtet, beinahe ernsthaft, als er Roskills Anruf beantwortete.

»Havergal ist in Ordnung, Hugh – absolut vertrauenswürdig. Als er neunzehnhundertvierundsechzig aus Hadhramaut zurückgekommen ist, sollte er hier für *uns* arbeiten, aber er hat abgelehnt. Er mag die Araber und war deshalb bereit, die Ryle-Stiftung zu fördern – nachdem er sich bei uns vergewissert hatte, daß dort alles in Ordnung war.«

»Und dort war alles in Ordnung?«

»Ja, damals war alles in Ordnung«, bestätigte Howe. »Aber jetzt nicht mehr, was? Sie hätten dir heute nachmittag die betreffende Akte zeigen sollen, aber sie ist irgendwo unterwegs hängengeblieben. Soll ich sie dir in die Wohnung bringen lassen?«

»Nein, ich komme erst spät nach Hause. Ich rufe an, falls ich etwas brauche. Was ist mit Lady Ryle?«

Howe antwortete nicht gleich. »Lady Ryle gilt als gutes Sicherheitsrisiko. Was die Stiftung betrifft, ist nichts Nachteiliges über sie bekannt.«

Was die Stiftung betrifft. Howe verließ sich auf seine Diskretion – oder appellierte daran. Oder er konnte sich nicht vorstellen, daß Roskill weiterfragen würde.

»Und was ist sonst über sie bekannt?«

»Ich habe mir schon überlegt, ob du danach fragen würdest«, gab Howe zu. »Nun, sie wissen alles über dich, alter Junge...«

»Das habe ich nie bezweifelt.«

»Dann brauche ich dich nicht mit Einzelheiten zu langweilen. Hier steht, daß Ryle wegen der Kinder den Ahnungslosen spielt – und um seinen eigenen Vergnügungen nachgehen zu können. Eine zivilisierte Übereinkunft, bei der sich alle Beteiligten einig sind. Meinen Glückwunsch, Hugh! Du scheinst geschafft zu haben, was sonst nur wenigen glückt.«

Auf dem Rückweg holte Roskill den Projektor und die Dias aus dem Kofferraum seines Wagens, bevor er weiterging. Daß seine Affäre mit Isabel bekannt war, überraschte ihn keineswegs. Sie waren stets sehr vorsichtig gewesen, aber es war ihnen dabei mehr darum gegangen, Aufsehen zu vermeiden, als ihre Umwelt im allgemeinen und John Ryle im besonderen zu täuschen.

Vor allem John hatte keinen Grund, sich zu beklagen: Er hatte Isabel praktisch in Roskills Arme getrieben. Und wäre Hugh nicht gewesen, hätte sich irgendein anderer gefunden. Trotzdem hatte Roskill den Verdacht, die Informationen über Isabel und ihn stammten von John; anscheinend war er doch nicht so blind, wie er sich stellte.

Er zuckte mit den Schultern und klingelte. Isabel kam selbst an die Tür.

»Hugh, Liebling . . .«

»Ist Havergal hier?«

Roskill horchte ins Haus hinein und atmete dann auf. Seine Frage war schon durch ihre Begrüßung beantwortet. In Colonel Havergals Hörweite würde er nie ihr Liebling sein.

»Er telefoniert, Hugh – von der nächsten Straßenecke aus.« Sie betrachtete ihn forschend. »Ich weiß, daß ich nicht danach fragen sollte, aber wenn Archie weder vom Hotel noch von hier aus telefonieren will . . . Hugh, was tust du? Und was tut Archie?«

»Hat er sich nach mir erkundigt?«

»Er wollte nur wissen, wie lange wir uns schon kennen und wo wir uns kennengelernt haben.«

Ein gerissener alter Knabe. Er hatte ihr keine Fragen gestellt, die sie nicht beantworten konnte, und war weggegangen, um von einer Telefonzelle aus mit jemandem zu sprechen, der sie beantworten würde. Die Frage war nur: Wie vollständig würde die Antwort ausfallen?

»Er will sich nach dir erkundigen, nicht wahr?«

Roskill griff lächelnd nach ihrer Hand. »Natürlich erkundigt er sich nach mir, Bel – und ich habe mich über ihn informiert.«

»Und ich darf nicht nach dem Grund fragen?«

»Nein«, gab Roskill zu. »Aber es hat nichts mit uns oder mit John zu tun. Du brauchst dir also keine Sorgen zu machen.«

»Aber es hat etwas mit der Stiftung zu tun?«

Bevor er antworten konnte, schrillte die Klingel. Havergal hatte nicht lange gebraucht, um sich zu informieren.

Roskill drückte beruhigend ihre Hand. »Zerbrich dir nicht den Kopf, Bel – sei einfach Lady Ryle. Sie wird damit fertig.«

Lady Ryle war die Rüstung, in der die wahre Isabel lebte: eine prächtige Rüstung nach neuester Mode und von perfektem Sitz, die den Reichtum und guten Geschmack der Trägerin zeigte, aber nur ahnen ließ, wie verwundbar sie darunter war. Arme Isabel! Sie hatte sich endlich abgewöhnt, sie in seiner Gegenwart zu tragen – und nun forderte er sie auf, sie wieder anzulegen.

»Gut, dann bin ich Lady Ryle für euch beide«, entschied sie. »Aber ich warne dich: Archie ist nicht leicht zu täuschen.«

Das stimmte mit Roskills erstem Eindruck überein. Havergal war ein zäher alter Knabe, dessen geistige Fähigkeiten noch keineswegs gelitten hatten. Es war bestimmt besser, ihn auf seiner Seite zu haben.

Aber die Chancen dafür schienen schlecht zu stehen, als der Alte den Raum betrat. Die Überprüfung schien erfolglos gewesen zu sein oder Havergal nachteilig beeinflußt zu haben. Jedenfalls warf er Roskill einen mürrischen Blick zu.

»Nochmals guten Abend, Colonel Havergal«, sagte Roskill vorsichtig. Falls es zu einem Krieg kam, wollte er nicht als erster geschossen haben.

Havergal sah sich um, aber Isabel war noch nicht hereingekommen. »Hören Sie, Roskill«, begann der Alte, »ich habe mit Fred Clinton über Sie gesprochen.«

Unter anderen Umständen hätte Roskill vielleicht einen Pfiff ausgestoßen. Havergal mußte ausgezeichnete Verbindungen besitzen, wenn er einfach Sir Frederick anrufen konnte.

»Obwohl Sie sich wie ein Elefant im Porzellanladen aufgeführt haben, verbürgt er sich für Sie«, fuhr Havergal fort. »Ich habe Sie für einen Anfänger gehalten, aber anscheinend sind Sie doch keiner. Ich muß eben sehen, wie ich irgendwie mit Ihnen zurechtkomme.«

»Dann sitzen wir im gleichen Boot«, antwortete Roskill gelassen. »Er hat sich über Sie ganz ähnlich geäußert. Wir müssen beide das Beste daraus machen – im nationalen Interesse.«

»Mein lieber Roskill, das hängt ganz davon ab, wie man das nationale Interesse definiert – falls es in diesem Zusammenhang überhaupt eines gibt.« Havergal starrte ihn an. »Außerdem interessiert mich im Augenblick nur die Stiftung. Ich habe keinen Anlaß, mich anderweitig zu engagieren.«

»Und was beunruhigt Sie im Augenblick an der Stiftung, Colonel?«

Havergal schüttelte den Kopf. »Das möchte ich von Ihnen hören, Roskill.«

Roskill betrachtete ihn nachdenklich. Er bedauerte, nicht mehr über den Mann zu wissen; Havergals vollständige Akte wäre in dieser Situation ein Geschenk des Himmels gewesen – sie hätte ihm gezeigt, wo er den Hebel ansetzen mußte. Er hatte

Howe nicht genug gefragt, weil er diese Feindseligkeit nicht erwartet hatte.

Für Havergal verkörperte Roskill etwas, wovor er sich seit langem gefürchtet hatte ...

Isabel kam mit einem Tablett herein. »Ich weiß, daß ihr lieber Scotch trinken würdet«, sagte sie mit ihrer Lady-Ryle-Stimme, »aber ich glaube, daß Wadsworth euch schon reichlich gegeben hat. Deshalb habe ich Kaffee gemacht.«

Sie stellte das Tablett ab und forderte die beiden mit einer Handbewegung auf, in zwei Sesseln Platz zu nehmen. Als erfahrene Gastgeberin ging es ihr darum, Gäste in feindseliger Stimmung auf diese Weise zu trennen: Von Daunenkissen aus streitet es sich schlechter.

»Ich wollte Colonel Havergal eben nach der Ryle-Stiftung fragen, Isabel« sagte Roskill rasch. »Aber vielleicht kannst du mir erklären, worin ihr besonderer Wert liegt? Verglichen mit ähnlichen Organisationen?«

»Wir sind wirklich ganz unauffällig, Hugh. Wir machen nie Schlagzeilen.«

»Was halten Sie davon, Colonel?«

Havergal knurrte irgend etwas Unverständliches; er schien die Gefahr zu spüren, ohne sie vorerst lokalisieren zu können.

»Du hast recht, glaube ich«, erklärte Hugh Isabel. »Meiner Meinung nach leistet die Stiftung wertvolle Arbeit, weil sie noch nie politisch orientiert gewesen ist – selbst in der guten alten Zeit nicht. Sie hat nie zukünftige Staatsmänner oder Generale hervorgebracht, sondern nur Krankenschwestern und Landwirte und Grundschullehrer.«

»Richtig«, stimmte Havergal zu. »Wir haben nie jemanden nach Oxford oder Cambridge geschickt. Der alte Jacob Ryle hat einen festen Auftrag hinterlassen: Wir sollen uns um den guten Durchschnitt kümmern, den Leuten etwas Nützliches beibringen und sie so einspannen, daß sie keine Zeit für Dummheiten haben . . .«

Er sprach plötzlich nicht weiter, als sei er bereits aufs Glatteis geraten.

»Aber das hat nicht ganz geklappt, nicht wahr?«

Der Colonel schwieg. Roskill war sich darüber im klaren, daß Havergal hergekommen war, um ihn auszuhorchen. Der Alte war mit diesem Treffen einverstanden gewesen, weil er ihn zu Recht für einen harmlosen Anfänger gehalten hatte. Erst Sir Fredericks Auskunft schien ihn gewarnt zu haben.

Roskill beschloß, aufs Ganze zu gehen. »Machen wir uns doch nichts vor, Colonel. Die Ryle-Stiftung wird von Arabern zur Tarnung illegaler Aktivität mißbraucht. Das geben Sie doch zu?«

Havergal erwiderte seinen Blick eisig. »Ich brauche überhaupt nichts zuzugeben, Staffelkapitän Roskill. Und was die sogenannten illegalen Aktivitäten betrifft, ist das eine Frage der Definition. Ich traue mir zu, darüber ebensogut wie Sie urteilen zu können.«

»Aber wir dürfen nicht zulassen, daß die Stiftung dadurch in schiefes Licht gerät, Archie«, warf Isabel ein. »Hugh hat völlig recht, finde ich.«

»Meine Liebe, früher wäre ich Ihrer Meinung gewesen – und Roskills«, antwortete Havergal geduldig. »Aber die Welt hat sich seitdem verändert, und wenn die Stiftung weiter nützliche Arbeit leisten will, muß sie sich anpassen.«

»Sie billigen, also, was dort geschieht?« erkundigte sich Roskill.

»Billigen? Unsinn, Mann – natürlich billige ich nichts, was die Existenz der Stiftung bedroht! Aber ich habe Verständnis dafür, weil ich weiß, daß ich auch nicht untätig herumsitzen würde, wenn ich ein Araber wäre. Glauben Sie etwa, die Stiftung könnte im Nahen Osten weiterarbeiten, wenn wir plötzlich gegen diese Dinge vorgehen würden? Sie wäre erledigt!« Er machte eine Pause. »Außerdem bezweifle ich, daß die Politiker hinter Ihrer Organisation ernstlich an dieser Frage interessiert sind. Solange das Öl fließt, ist es ihnen ganz gleich, wer im Nahen Osten wen umbringt!«

»Vielleicht ist ihnen das im Nahen Osten gleich«, gab Roskill zu. »Aber in England sieht die Sache anders aus, Colonel.«

Havergal runzelte die Stirn.

»Vorgestern nacht haben wir einen Mann – einen Freund von mir – hier in London verloren«, sagte Roskill. »Und wir hätten beinahe einen zweiten verloren: einen meiner Bosse. Er ist Politiker und interessiert sich jetzt lebhaft für Ihre Stiftung. Sie können sich wahrscheinlich vorstellen, Colonel Havergal, daß wir unter solchen Umständen keinen Spaß mehr verstehen.«

»Einen Freund? Hugh – wer war das?« Isabel machte das gleiche ungläubige Gesicht wie Faith; für beide bedeutete der Tod stets einen unvorhergesehenen Verkehrsunfall oder eine geflüsterte Mitteilung im Krankenhausflur, nie eine absichtlich begangene Tat.

Er hatte ihr die Nachricht schonend beibringen wollen, aber er merkte jetzt, daß ihre Verzweiflung Havergal unter Druck setzen würde. Außerdem durfte er ohnehin nicht länger warten, weil er sah, daß sie sich bereits die Gesichter seiner Freunde, die sie kennengelernt hatte, vorstellte.

»Alan Jenkins.«

»Alan!« wiederholte Isabel entsetzt.

Havergal warf Roskill einen Blick zu, in dem sich Ablehnung und Neugier mischten. Ihm war klar, daß jetzt der andere im Vorteil war, aber er schien nicht recht zu wissen, ob er es mit einem eiskalten Schurken, der alles genau geplant hatte, oder mit einem Offizier und Gentleman zu tun hatte, der das Beste aus einem schmutzigen Job gemacht hatte.

»Wir wollen der Stiftung keineswegs schaden, Colonel«, versicherte Roskill. »Das ist durchaus nicht unsere Absicht. Aber wir brauchen einige Informationen – zum Beispiel darüber, wie Sie gemerkt haben, was dort vorgeht.«

Roskill konnte nur hoffen, daß Havergal keine Gegenfrage stellen und daß Cox mit seiner Vermutung recht behalten würde. Aber der Colonel leistete keinen Widerstand mehr. Er nahm resigniert seufzend die Schultern zurück.

»Damit hatte ich schon lange gerechnet«, gab er zu.

»Weil Sie finden, daß jeder Araber, der ein ganzer Mann ist, etwas unternehmen müßte?«

»Nicht nur deshalb.« Havergal schüttelte den Kopf. »Haben Sie zufällig unsere Übersichtskarte hier, meine Liebe?« fragte er Isabel.

Sie nickte. »Ja, sie liegt im Arbeitszimmer.«

»Würden Sie sie bitte herholen?« Er wandte sich wieder an Roskill. »Wissen Sie, wie die Stiftung arbeitet?«

»Nicht in allen Einzelheiten.«

»Das wissen nur ganz wenige. Und vielleicht ist diese Tatsache an der Misere schuld. Wir arbeiten unauffällig; wir bilden keine Spitzenkräfte aus – nur gute Automechaniker, Hebammen und dergleichen.« Havergal machte eine Pause, weil Isabel mit der Übersichtskarte zurückkam, und breitete die Karte auf dem Couchtisch aus. »Jeder dieser Bezirke hat ein eigenes Auswahlkomitee, das geeignete junge Leute in unsere Ausbildungszentren schickt, um sie für bestimmte Projekte ausbilden zu lassen. Die grünen Sterne bedeuten Auswahlkomitees, die roten Quadrate sind Ausbildungszentren, und die blauen Dreiecke sind Projekte, an denen wir beteiligt sind.«

Ein Blick auf die Karte genügte, um Roskill die potentielle Bedeutung dieser roten, blauen und grünen Zeichen, die über den Nahen Osten und Europa verteilt waren, vor Augen zu führen. Die international tätige Ryle-Stiftung bot alle Voraussetzungen, um als Tarnung für eine illegale Organisation zu dienen. Kein Wunder, daß Havergal mit dem Schlimmsten gerechnet hatte!

»Was hat Sie ursprünglich mißtrauisch gemacht?«

Havergal lächelte bitter. »Die Versagerquote, Roskill. Jacob Ryle hat dafür gesorgt, daß kein Geld für Leute verschwendet wurde, die ihre Ausbildung nicht abschlossen oder ihren neuen Beruf später nicht ausübten. Zu Anfang waren die Komitees nicht kritisch genug, weil sie meistens Freunden einen Gefallen tun wollten. Das hat Ryle nicht geduldet. Die Komitees wurden ausgewechselt, und nach einiger Zeit gab es kaum noch Ausfälle.

So standen die Dinge, als ich zur Ryle-Stiftung kam – auch im ersten Jahrzehnt nach dem Suezkrieg«, fuhr der Colonel fort. »Aber etwa ein halbes Jahr nach dem Sechstagekrieg hat sich das Bild geändert. Die Veränderung war allerdings nicht gleich erkennbar, und ich bin erst mißtrauisch geworden, als mir auffiel, daß die Falschen wegliefen.«

Roskill nickte. Er wußte, was Havergal meinte. Früher hatten die Dummen und Faulen versagt; heutzutage beendeten intelligente junge Leute ihre Ausbildung nicht, weil sie anderweitig beschäftigt waren.

»Was haben Sie dagegen unternommen?«

»Nichts.« Der Colonel erwiderte ruhig Roskills Blick. »Ich kann nichts dagegen tun.«

»Ich dachte, Sie wechselten Komitees aus, die schlecht arbeiten?«

»Das konnten wir nur früher. Inzwischen haben sich die Zeiten geändert. Wir müssen behutsamer vorgehen. Und die betreffenden Komitees gehören ohnehin nicht zu meinem Bereich.«

»Wo arbeiten sie?« erkundigte sich Roskill.

»Jordanien, Libanon, Syrien und Irak – in diesen vier Ländern haben wir fünfzehn Komitees. Meiner Überzeugung nach tun nur noch sieben von ihnen ihre Pflicht.«

»Wessen Bereich ist das?« Roskill suchte nach einem Namen. »Elliott Wilkinsons Bereich?«

Havergal schüttelte wortlos den Kopf, um anzudeuten, daß seine Loyalität gegenüber der Stiftung in diesem Fall vorgehe. Roskill überlegte sich, daß der Colonel selbst geeignete Maßnahmen ergreifen würde, falls er Wilkinson verdächtigte. Aber es war zwecklos, auf diesem Punkt zu beharren – das mußte den alten Knaben nur schweigsamer machen.

»Aber das sind alles nur Indizienbeweise«, fuhr Roskill hastig fort. Er warf Havergal einen prüfenden Blick zu. »Wenn Sie uns die Namen der Ausgeschiedenen und weitere Einzelheiten nennen könnten, wäre uns schon viel geholfen. Und die Namen der Komiteemitglieder. Wenn Sie das tun, kann ich meine Vorgesetzten hoffentlich dazu überreden, sich nur mit diesen Leuten zu befassen und die Stiftung in Ruhe zu lassen.«

Havergal runzelte nachdenklich die Stirn. »Wenn das jemals herauskommt, ist der Teufel los, Roskill.«

»Vielleicht ist er auf jeden Fall los. Aber ich mache Ihnen einen Vorschlag: Ich sage Ihnen einige der Namen, die wir kennen. Und ich zeige Ihnen ein paar Gesichter, für die wir keinen Namen haben.«

Er griff nach der Projektortasche neben seinem Sessel. Darauf war es Havergal von Anfang an angekommen, und Roskill hatte sie ihm von Anfang an geben wollen: die Namen und Gesichter von Hassans Leuten und ihren Kontaktpersonen, die Cox aus britischen und europäischen Fahndungsbüchern zusammengesucht hatte. Fünf Verdächtige und fünfundzwanzig Kontaktpersonen. Die meisten erschienen Roskill zum Verwechseln ähnlich. Aber vielleicht konnte der Arabienkenner Havergal sie besser unterscheiden – zumal genau fünfzehn von ihnen durch die Ryle-Stiftung ausgebildet worden oder bei ihr angestellt waren.

7

Roskill stand in der Telefonzelle in der Bunnock Street und hörte Audleys Telefon weit weg in Hampshire klingeln. Er wußte, daß David nicht selbst abheben würde; seine einzige Hoffnung war Faith.

Im nächsten Augenblick meldete sie sich atemlos.

»Sie möchten David sprechen? Sind Sie nicht...« Faith beherrschte sich in letzter Sekunde, bevor sie Roskills Vornamen aussprach. »Ich hole ihn gleich ans Telefon.«

Roskill wartete wieder. Faith war vermutlich oben im ersten Stock gewesen, und Audley hatte nebenan im Wohnzimmer gesessen, ohne auf das Klingeln zu hören.

»Hallo, Hugh!« sagte Audley laut und unbekümmert.

»Ist Ihre Leitung abhörsicher?« fragte Roskill eher erstaunt als irritiert.

»Abhörsicher?« wiederholte Audley vage. »Keine Ahnung, Hugh. Aber falls sie abgehört wird, hat irgendein armer Teufel eine Menge Zeit vergeudet. Was ist denn los?«

Roskill holte tief Luft. »Ich bin erkannt worden«, antwortete er. »Auf der Versammlung der ... bei dem Vortragsabend.«

»Auf dem Abend der Ryle-Stiftung?«

Roskill bearbeitete den Apparat mit der Faust. Audley mußte das absichtlich tun.

»Wissen Sie bestimmt, daß Ihr Telefon nicht abgehört wird?«

»Keine Ahnung«, gab Audley zu. »Aber das spielt weiter keine Rolle. Diese Sache wird immer übertrieben. Niemand hat soviel Personal oder Material, um Telefone auf Verdacht hin anzuzapfen – das tun sie nur, wenn sie sich ihrer Sache sicher sind. Ich sage Ihnen, Hugh, Sie machen sich in dieser Beziehung ganz unnütze Sorgen!« Er schnaubte verächtlich. »Und selbst wenn sie unser Gespräch mithören könnten, hätten sie keinerlei

Garantie dafür, daß wir es nicht nur ihretwegen inszenieren ...
Sie sind also enttarnt worden? Von wem?«

Roskill beschrieb ihm den dicken Araber.

»Ein Libanese?« fragte Audley. »Nein, er ist bestimmt kein Libanese. Bevor ich versetzt worden bin, war ich ein halbes Jahr auf den Libanon spezialisiert und kenne dort alle führenden Leute. Er kann nicht so neu sein. Aber das macht nichts – ich identifiziere ihn morgen. Das dürfte nicht schwierig sein. Erzählen Sie mir jetzt von der Ryle-Stiftung. Anscheinend hatte Cox doch recht!«

»Ja, aber ...« Das Unangenehme war, daß sich Havergals Gedächtnis als enttäuschend lückenhaft erwiesen hatte, als es darum ging, Verdächtige zu identifizieren. Roskill hatte den Verdacht, der Alte habe ihn schließlich doch hereingelegt, und bemühte sich, diese Tatsache zu verbergen.

»Gut gemacht, Hugh«, lobte ihn Audley. »Dieser Colonel Havergal würde mir gefallen, glaube ich. Und ich bin Ihrer Meinung, daß er es wahrscheinlich auf Elliott Wilkinson abgesehen hat. Die Araber wären unter den augenblicklichen Verhältnissen verdammt schwer aus dem Sattel zu heben, aber Wilkinson ist nicht ganz so unverwundbar.«

»Sie kennen ihn?«

»Von früher her. Aber ich habe nicht gewußt, daß er etwas mit der Ryle-Stiftung zu tun hat. Allerdings überrascht es mich nicht, daß er durch zweifelhafte Manöver auffällt.«

»Steht er auf der Seite der Araber?«

»Er steht auf überhaupt keiner Seite – das wäre gar nicht so schlimm. Er ist einfach ein alter Antisemit. Und wenn es nicht die Juden wären, würde er Katholiken, Neger oder sonst jemanden hassen. Das Schlimme daran ist, daß er gute Verbindungen zu unserer Arabiengruppe hat. Und Llewelyn, dieser Dummkopf, hat unbegrenztes Vertrauen zu ihm.«

»Trotzdem können wir ihm keine Verbindung zu Hassan

nachweisen. Bisher haben wir nur Cox' Instinkt und eine Handvoll Namen.«

»Cox ist ein guter Mann, Hugh. Und wir wissen inzwischen bereits mehr. Ich habe mich mit Llewelyn befaßt...«

Llewelyn! Audley dachte anscheinend nur an ihn. Alan Jenkins' Tod interessierte ihn vermutlich erst in zweiter Linie, auch wenn er das nicht zugegeben hätte. Sie wollten sich beide rächen – aber sie verfolgten unterschiedliche Ziele.

»Er ist offenbar einer der Botenjungen zwischen Amerikanern, Russen und dem UN-Beauftragten. Nur ein Botenjunge, auch wenn er seine Rolle anders sieht. Aber er hat jedenfalls viel zu tun, und ich kann mir vorstellen, wie enttäuscht er wäre, wenn er ausgerechnet jetzt in die Luft gejagt würde.«

»Er hat von einem Frieden im Nahen Osten gesprochen.«

»Soweit ist es wohl noch nicht. Aber es soll zu direkten Verhandlungen zwischen Arabern und Israelis kommen. Die Vorbereitungen sind längst getroffen. Die Ägypter werden zuerst annehmen, und die Russen haben versprochen, sich die Syrer vorzuknöpfen... Dann diskutieren die Israelis darüber – das ist wahrscheinlich eine Finte, damit die rechtsstehende Gahal-Partei aus der Regierungskoalition gedrängt werden kann –, aber auch sie werden schließlich zustimmen. Ich glaube allerdings nicht, daß alles so glatt verläuft, wie mein... mein Informant annimmt.«

»Was hat das alles mit uns zu tun?«

»Mit uns? Nun, ich weiß natürlich nicht, wie diese Verhandlungen enden werden – dazu habe ich schon zu lange nichts mehr mit dem Nahen Osten zu tun gehabt. Das hängt davon ab, was die Amerikaner und Russen vereinbaren... und ob die dortigen Falken alle Bemühungen sabotieren können. Kurzfristig gesehen beginnt jetzt die riskanteste Periode. Sind die Verhandlungen erst einmal in Gang gekommen, ist es für Einmischungsversuche zu spät, deshalb müßten die Guerillagruppen jetzt alles daransetzen, sie zu verhindern.«

»Und Hassan gehört zu diesen Leuten, die sie verhindern wollen?«

»Ganz recht. Ich nehme an, daß Llewelyn damit gerechnet hat. Und nicht nur er: In Israel und Ägypten herrscht inoffiziell höchste Alarmbereitschaft. Im Augenblick gibt es im Nahen Osten verdammt viele nervöse Leute, Hugh, das können Sie mir glauben!«

»Hier in London auch, David«, wandte Roskill ein. »Um die müssen wir uns kümmern.«

»Richtig, davon wollte ich eben sprechen. Zwei Männer könnten uns wahrscheinlich sagen, was hier gespielt wird: Jake Shapiro und Razzak, der Ägypter.«

»Ist Razzak mit der Fähre von Newhaven aus abgefahren?«

»Falls er sie benützt hat, hat er verdammt lange gebraucht, um nach Paris zu kommen. Er scheint unterwegs ein paar Stunden Zeit verloren zu haben.« Audley machte eine Pause. »Als Hypothese bin ich mit Ihrer Deutung von heute morgen einverstanden. Daß die drei ungefähr am gleichen Ort waren, ist wirklich nicht mehr mit einem Zufall zu erklären. Ich habe das Gefühl, daß sich Razzak dort mit jemandem getroffen hat, wobei die beiden von Shapiro beobachtet worden sind. Und Ihr Freund Jenkins muß etwas gesehen haben, was nicht für seine Augen bestimmt war.«

»Glauben Sie immer noch, daß sich Razzak mit dem geheimnisvollen Unbekannten Hassan getroffen hat?«

»Nicht mit Hassan selbst – das war nie wahrscheinlich. Aber vielleicht mit einem seiner Stellvertreter. Razzak ist jedenfalls nicht umsonst in Sussex an der Küste spazierengegangen. Leider weiß ich nicht genug über ihn; er ist neu in London, und ich will mich nicht über ihn informieren, weil sonst herauskommen könnte, was ich tue.«

»Ich dachte, Sie kennen alle wichtigen Männer«, stichelte Roskill.

»Richtig, Hugh, aber...« Audley machte eine verlegene Pause. »Razzak ist eigentlich kein wichtiger Mann. Vor zehn Jahren hätte er noch als aussichtsreicher junger Offizier gegolten, aber in den letzten Jahren war er nur Kommandeur eines Panzerregiments.«

»Sie wissen also doch etwas über ihn?«

»Ja«, gab Audley zögernd zu. »Jake Shapiro hat von ihm gesprochen – letzte Woche, als Razzaks Ernennung eben bekanntgeworden war. Shapiro hat ihn als tapfer bezeichnet. Im Sechstagekrieg hat Razzak zu den Ägyptern gehört, die sich wirklich ihrer Haut gewehrt haben.«

Und jetzt gehört er bestimmt zu denen, die Friedensverhandlungen für Landesverrat halten, überlegte sich Roskill. Damit steht er Schulter an Schulter neben Hassan.

»Aber ich kann Ihnen bald mehr über ihn erzählen«, fuhr Audley fort. »Ich esse morgen mit einem Mann, der bestens über ihn informiert ist.«

»Warum fragen Sie nicht gleich Shapiro? Er kennt Razzak und war in East Firle. Wenn Sie ihn aushorchen...«

»Jake läßt sich von niemandem aushorchen. Wir können nur hoffen, daß er zu einem Tauschgeschäft mit Ihnen bereit ist.«

»Verdammt noch mal, David, er ist doch Ihr Freund! Ich kenne ihn kaum. Sie müssen selbst mit ihm feilschen.«

»Ich will möglichst lange im Hintergrund bleiben, Hugh. Sobald Jake erfährt, daß ich etwas damit zu tun habe, erhöht er wahrscheinlich den Preis.«

»Aber Sie sind doch sein Freund!«

»So weit geht die Freundschaft nicht. Keine Angst, er fragt bestimmt nicht nach Flugzeugen. Ich kann Ihnen ein paar Unterlagen über Panzerneuentwicklungen besorgen. Das interessiert ihn bestimmt.«

»Und wenn nicht?« fragte Roskill zweifelnd.

»Dann erzählen Sie ihm von der Ryle-Stiftung – das ist garantiert etwas für ihn!«

Roskill war sich darüber im klaren, daß Audley bereit war, ihn für seine höheren Ziele zu opfern, deshalb hatte es wenig Sinn, noch länger mit ihm zu sprechen. Außerdem mußte Isabel gleich zum Wagen kommen, und er wollte sie nicht auf der dunklen Straße warten lassen.

»Gut, wo ist Shapiro zu erreichen? Und vergessen Sie nicht, daß ich morgen früh nach Firle fahren soll.«

»Sie können ihn heute abend erreichen, Hugh. Er ist gegen halb elf in Shabtais Club in der Silchester Lane. Sein Sinn für Humor ist ein bißchen primitiv, aber er ist ein anständiger Kerl, wenn Sie ihn nicht allzu offen hereinzulegen versuchen. Lassen Sie sich nicht von ihm einschüchtern, und gehen Sie einem Wetttrinken mit ihm aus dem Wege – er hat nämlich eine lederne Leber.«

Für Roskill wirkten Razzak und Shapiro auf ihre Weise gleich erschreckend. Beide waren Panzeroffiziere und deshalb von Anfang an ein bißchen verrückt, denn wer sich in einem fahrbaren Stahlsarg einschloß, war nicht ganz normal. Roskill konnte nur hoffen, daß er dabei war, sich die Unterstützung des richtigen Verrückten zu sichern.

Der Türgriff bewegte sich, dann klopfte jemand rasch ans Fenster. Isabel! Er beugte sich nach links, um die Tür zu öffnen, und Isabel stieg hastig ein.

»Laß den Motor an, Hugh«, forderte sie ihn auf. »Wir müssen wegfahren!«

Roskill runzelte die Stirn. Isabels Drängen verriet Angst.

»Auf dem Friedhof stehen zwei Männer, die dich beobachten«, flüsterte sie. »Ich wäre beinahe mit ihnen zusammengeprallt. Ich bin davon überzeugt, daß sie dich beobachten ... Bitte fahr endlich weg, Hugh!«

Er mußte sich beherrschen, um sich nicht umzudrehen. Wenn die beiden ihn vom Friedhof aus beobachteten, wohin kein Lichtschein reichte, konnte er sie ohnehin nicht sehen. Andererseits stand sein Wagen hier unter einer Straßenlaterne, so daß jede Bewegung deutlich sichtbar sein mußte.

Roskill sah die Bunnock Street entlang, die leer vor ihnen lag. Isabel konnte sich das nicht eingebildet haben: Hier war sonst niemand, den die Männer hätten beobachten können. Und sie hatte recht, wenn sie auf Flucht drängte – es war unsinnig, in der Bunnock Street zu bleiben, wenn fünfundsiebzig Meter und fünf Sekunden von ihnen entfernt die vergleichsweise sichere Hauptstraße lag.

Er streckte die Hand nach dem Zündschlüssel aus, aber als seine Finger ihn berührten, durchzuckte ihn ein Gedanke, der ihn lähmte.

Unter der Laterne neben dem Wagen!

»Fahr doch endlich, Hugh!«

Neben dem Wagen!

›Das ist interessant‹, hatte Alan gesagt – und war im nächsten Augenblick tot gewesen, als der Sprengkörper detonierte.

Roskills Hand sank langsam herab. Er brauchte nicht hinzusehen, um zu merken, daß seine Finger zitterten. Er spürte ihr Zittern.

»Was ist denn los, Hugh?«

Roskill riß sich zusammen. Das Schlimmste war vorüber, und er war wieder ruhig und gelassen wie damals, als seine Maschine in einen unkontrollierbaren Flugzustand geraten war. Wer seinen Kopf retten wollte, mußte nüchtern denken ...

»Jemand hat sich an meinem Wagen zu schaffen gemacht, Bel«, erklärte er ihr ruhig. »Das kann unter Umständen ein schlimmes Zeichen sein.«

»Woher weißt du das?«

»Ich hatte ihn genau neben dem Laternenpfahl geparkt, Bel – die Beifahrertür ließ sich nicht öffnen.«

»Aber ich bin eben eingestiegen?«

Roskill nickte. Er war fast zu langsam gewesen. Er hatte sich ablenken lassen, anstatt gleich an Llewelyns Wagen zu denken.

»Jemand hat sich daran zu schaffen gemacht?« Auch Isabel war jetzt ganz ruhig.

»Vielleicht ist die Sache ganz harmlos. Aber wenn die Kerle auf dem Friedhof etwas mit Alan zu tun gehabt haben, wissen sie, wie man Sprengsätze an Autos anbringt.«

Und dazu hätten sie den Wagen für kurze Zeit wegfahren müssen. Und wenn die Sache harmlos gewesen wäre, hätten die beiden nicht zu warten brauchen, um die Detonation zu beobachten. Aber das brauchte er Isabel nicht zu erklären.

»Aha«, meinte sie gelassen, »und was willst du dagegen unternehmen?«

»Solange wir nichts tun, sind wir völlig sicher«, antwortete Roskill. »Ich bezweifle sehr, daß die Kerle mit dir gerechnet haben, aber damit die Sache überzeugender wirkt, lege ich dir jetzt den Arm um die Schultern, und du kannst dich an mich lehnen. Das beruhigt unsere Zuschauer hoffentlich.«

Isabel rückte vorsichtig näher, als habe sie ihn in Verdacht, mit der Bombe in direkter Verbindung zu stehen.

»Wir hatten uns doch vorgenommen, so etwas nie in der Öffentlichkeit zu tun«, murmelte sie. »Und ganz bestimmt nicht in so scheußlicher Umgebung.«

Sie ist ruhiger als ich, dachte Roskill überrascht, bis er merkte, daß ihre Hand zitterte.

»Was für Schuhe hast du an?« fragte er. »Elegant oder praktisch?«

»Praktisch. Ich dachte, wir würden in irgendeinem kleinen Lokal essen.«

»Hör zu, Bel. Du steigst jetzt gleich aus und gehst die Straße entlang. Du gehst, verstanden, und läufst nur, wenn ich dir eine Warnung zurufe. Aber wenn ich rufe, rennst du, so schnell du kannst!«

»Und was hast du vor?«

»Mein Gott, ich renne natürlich auch, wahrscheinlich kann ich viel schneller als du laufen.«

»Warum steigen wir nicht gleichzeitig aus?«

Roskill hätte gewettet, daß die Bombe explodierte, sobald die Zündung eingeschaltet wurde. Für etwas Komplizierteres hatte die Zeit bestimmt nicht gereicht. Aber es war möglich, daß an der Fahrertür ein Kontakt angebracht war, der den Sprengsatz beim zweiten Öffnen zündete. Durch diesen Trick wurde sichergestellt, daß sich die Detonation an einem anderen Ort ereignete, wo die Attentäter nicht beobachtet worden sein konnten.

»Das bringt sie durcheinander, Bel. Aber wahrscheinlich tun sie ohnehin nichts. Sie glauben bestimmt, daß wir uns gestritten haben. Du gehst einfach schnell weg, ohne dich umzudrehen – und machst dir keine Sorgen.«

Isabel warf ihm einen prüfenden Blick zu. »Du hast doch keine edle Tat vor, Hugh?«

»Ich habe nichts Dummes vor, falls du das meinst.«

»Versprichst du mir das?«

»Das brauche ich dir nicht zu versprechen, Bel. Ich habe keinen Ehrgeiz, mich in die Luft sprengen zu lassen. Los, hinaus mit dir!«

Isabel sah noch einmal zu ihm hinüber, holte tief Luft und umklammerte ihre Handtasche. Dann öffnete sie die Beifahrertür, stieg elegant aus und ging die Bunnock Street entlang davon.

Roskill sah ihr nach und behielt gleichzeitig den Rückspiegel, der das Friedhofstor zeigte, im Auge.

Zehn Schritte – Isabel hatte den Lichtkreis der Straßenlaterne verlassen und bewegte sich im Halbdunkel – weitere zehn – sie hatte schon fast den nächsten hellen Kreis erreicht. Dann war sie vorerst in Sicherheit, und Roskill konnte ihr folgen.

Als seine Hand auf dem Türgriff lag, riskierte er einen Blick nach hinten zum Friedhofstor. Dort schien sich im Halbdunkel etwas zu bewegen. In dieser Sekunde begriff Roskill, daß er auf der anderen Seite aussteigen mußte. Er rutschte auf den Beifahrersitz hinüber, schlug sich das Knie am Schalthebel an und kletterte endlich aus dem Wagen.

Dabei drehte er sich erneut um. Am Friedhofstor erschienen jetzt zwei Gestalten. Aber im gleichen Augenblick röhrte ein Wagen durch die Bunnock Street heran. Helle Scheinwerfer schwenkten über die Straße, erfaßten zuerst Roskill und beleuchteten dann die beiden Männer.

Sie rissen die Hände hoch, bedeckten damit ihre Gesichter, flüchteten nach rechts und links, als sei das Licht ein Todesstrahl, und ließen Roskill wie gelähmt im Schatten seines eigenen Wagens stehen.

Der große, braune Mercedes mit den hellen Scheinwerfern hielt mit quietschenden Reifen und kam dicht vor dem Triumph zum Stehen. Das hintere Fenster wurde heruntergekurbelt. Ein dunkles, narbenbedecktes Gesicht erschien dahinter.

»Staffelkapitän Roskill?«

Ein rundliches, gutmütiges Gesicht, das er an diesem Abend schon einmal gesehen hatte – der dicke Araber!

Die Tür wurde geöffnet. Der Araber stieg aus. Roskill sah Isabel unsicher am Randstein warten.

»Verzeihen Sie, daß ich so ... so stürmisch komme, Staffelkapitän«, sagte der Araber und hinkte langsam auf ihn zu. »Aber ich glaube nicht, daß Ihr Wagen noch verkehrssicher ist.«

»Ich wollte ihn gar nicht fahren.«

»Nein?« Der Dicke legte neugierig den Kopf schief. »Ein weiser Entschluß! Dann kann ich nur annehmen, daß Sie schon wissen, daß Ihr Wagen ... nun, daß er präpariert worden ist.« Er tätschelte die Motorhaube. »Und was die beiden lichtscheuen Gentlemen betrifft«, fuhr er fort, »müssen wir uns wohl noch etwas um sie kümmern.«

Er nickte dem Fahrer und dem Mann neben ihm zu und deutete auf den Friedhof. Die beiden gehorchten wortlos. Wie gute Spürhunde, dachte Roskill.

Der Araber klopfte auf die Motorhaube. »Ich nehme an, daß eines Ihrer elektronischen Warngeräte angezeigt hat«, sagte er lächelnd. »Oder dürfen Sie das nicht verraten?«

Roskill zwang sich dazu, sein Lächeln zu erwidern. »Die Sache war noch einfacher«, antwortete er. »Ich bin heutzutage allen Autos gegenüber mißtrauisch.«

»Ich hätte also gar nicht zu kommen brauchen?«

»Oh, ich freue mich natürlich, wenn ich merke, daß unerwartete Freunde über mich wachen.«

Der Dicke grinste. »Sie sind sehr populär, Staffelkapitän. Mein Mann, der Sie beschatten sollte, hat bald gemerkt, daß Sie schon von anderer Seite überwacht wurden. Da das seine Arbeit erschwerte, hat er die anderen beschattet – ein sehr vernünftiger Entschluß.«

»Und was hat er gesehen?«

»Daß Ihr Wagen abtransportiert wurde. Das hatte er nicht erwartet, deshalb hat er sie aus den Augen verloren. Aber er hat mich angerufen ...«

»Und Sie wußten, was zu erwarten war?«

»Als ich hörte, der Wagen sei wieder zurückgebracht worden, hatte ich natürlich einen bestimmten Verdacht.«

Roskill brachte es nicht über sich, ihn nach seinem Namen zu fragen. Statt dessen sagte er: »Aber Sie wissen nicht, was die anderen damit angestellt haben?«

Ein Schulterzucken. »Nun, sie haben ihn jedenfalls nicht mitgenommen, um ihn zu waschen.«

»Sondern um eine Dosis TPDX unterzubringen, was?«

Bevor der Dicke antworten konnte, erschien Isabel neben ihm. Der Araber drehte sich mit einer kleinen Verbeugung nach ihr um. »Verzeihung, Lady Ryle«, sagte er hastig. »Ich dachte, ich hätte Sie im Scheinwerferlicht erkannt ...«

»Colonel Razzak«, erwiderte Iabel mit ihrer kühlsten Lady-Ryle-Stimme. »Ich habe Sie in diesem Halbdunkel auch nicht sofort erkannt.«

Razzak!

Kein Wunder, daß er sich benahm, als müsse Roskill ihn kennen – und kein Wunder, daß er ihm von Anfang an mißtraut hatte. Aber Roskill hatte einen hageren, fanatischen Beduinen erwartet, keinen Helden von Sinai in Gestalt eines rundlichen levantinischen Teppichverkäufers!

»Ich bin glücklich, daß Sie mich überhaupt erkannt haben, Lady Ryle.«

Jetzt küßte das fette Schwein ihr bestimmt gleich die Hand, dachte Roskill aufgebracht. Aber das war einem Mann gegenüber, der sich beeilt hatte, um sie vor einer Sprengladung zu schützen, reichlich unfair. Auch wenn Razzaks wahre Motive vorerst dunkel blieben – er konnte trotzdem an Alans Tod schuld sein –, war diese Rettung unbestreitbar ein Verdienst. Beunruhigend war nur, daß jemand außerhalb Razzaks Kontrolle bereit gewesen war, ohne besonderen Grund zwei Menschen und eine halbe Straße in die Luft zu jagen.

Die Haustür hinter ihnen flog krachend auf. Ein wahrer Riese in Hemdsärmeln erschien auf der Schwelle. Der Goliath starrte Roskill, Razzak, Isabel und den Mercedes an, bevor er Roskill ansprach.

»Ich weiß nicht, was Sie vorhaben, Freundchen«, knurrte er heiser, »aber ich möchte Ihnen raten, anderswo weiterzuspielen!«

Razzak warf ihm einen eisigen Blick zu und wandte sich an

Isabel. »Gestatten Sie mir, Sie in meinen Wagen einzuladen – und Sie natürlich auch, Staffelkapitän?«

Der Riese schnaubte.

Roskill beugte sich in den Triumph und zog den Zündschlüssel ab.

»Sie können Ihren verdammten Wagen nicht vor meinem Haus abstellen!« widersprach der Goliath. »Ich lasse ihn abschleppen!«

Roskill winkte ab. »Die Polizei kümmert sich bald um ihn«, antwortete er gleichmütig. »Der Wagen ist gestohlen. Rühren Sie ihn nicht an, sonst bekommen Sie Unannehmlichkeiten.«

Er konnte nur hoffen, daß das den Riesen daran hindern würde, den Triumph zu beschädigen, bevor die Spezialisten ihn untersuchen konnten. Nachdem er den Wagen abgeschlossen hatte, folgte er Isabel in den Mercedes. Razzak beugte sich vor und blinkte mit den Scheinwerfern, um seinen Männern ein Zeichen zu geben.

»Wissen Sie, ich bewundere den unabhängigen Geist des englischen Arbeiters«, sagte er ernsthaft. »Aber wenn ich ihm begegne, möchte ich ihm am liebsten einen Tritt versetzen, obwohl ich selbst ein Bauer bin. Eine verwirrende Reaktion.«

»Ich glaube, daß er recht hatte, Colonel«, erklärte Isabel. »Wir haben ihn wahrscheinlich beim Fernsehen gestört und das Baby geweckt. Das sind hierzulande Kapitalverbrechen.«

»Bewundernswert«, murmelte der Dicke. »Er hält uns für Kriminelle, und wir sind mehrere Personen – aber er hat recht! Erstaunlich!«

Die Spürhunde kamen zurück. Der Riese beobachtete sie mißtrauisch. Der jüngere der beiden setzte sich ans Steuer.

»Niemand zu sehen, Colonel«, meldete er kopfschüttelnd.

Razzak nickte und wandte sich an seine Gäste. »Kann ich Sie irgendwo absetzen?«

Isabel sah zu Roskill hinüber. »Ich würde lieber nach Hause gehen, Hugh. Ich habe eigentlich gar keinen Appetit mehr.«

»Ja, natürlich, ganz wie du willst.« Roskill mußte sich beherrschen, um nicht zuviel Erleichterung zu zeigen.

Isabel legte die Hand auf den Türgriff. »Ich kürze den Weg durch den Friedhof ab. Du brauchst mich nicht zu begleiten, Hugh. Ich bin sicher, daß du mit Colonel Razzak wichtige Dinge zu besprechen hast.«

Razzak mischte sich ein, bevor Roskill antworten konnte. »Gestatten Sie mir, Ihnen Captain Majid mitzugeben, Lady Ryle. Es wäre ihm eine Ehre, Sie begleiten zu dürfen.«

»Colonel, das ist . . .«

Der Araber hob die Hand. »Bitte! Captain Majid begleitet Sie nach Hause, Lady Ryle. Jahein hier kann mich ebensogut fahren, wenn er daran denkt, daß er ein Auto und keinen Panzer lenkt.«

Der Fahrer stieg aus – ziemlich widerwillig, dachte Roskill – und machte dem älteren Araber Platz am Steuer.

»Danke, das ist sehr freundlich von Ihnen, Colonel«, murmelte Isabel. »Du rufst mich doch an, Hugh?«

»Sobald ich kann«, versprach er ihr.

Roskill sah ihr nach, als sie neben dem Ägypter davonging: groß, schlank, wieder ganz Lady Ryle. In solchen Augenblicken fragte er sich manchmal, was er eigentlich mit seinem Leben anfing, obwohl er genau wußte, daß er in der gleichen Situation wieder die gleichen Entscheidungen treffen würde. Ein Teil von Isabel war mehr wert als zehn andere Frauen.

8

»Eine bemerkenswerte Frau«, murmelte Razzak.

»Ja. Und es war nett von Ihnen, ihr den Captain mitzugeben, Razzak.«

Der Fahrer schnaubte, und Razzak grinste breit.

»Durchaus nicht nett, Staffelkapitän, sondern nur ein Trick, um den Captain loszuwerden. Hätte ich ernsthaft an eine Gefahr geglaubt, hätte ich Jahein mitgeschickt, nicht wahr, Jahein?«

Der Grauhaarige nickte.

»Sehen Sie, Jahein und ich sind alte Soldaten, und der Captain ist ein neuer Soldat, der auf uns aufpaßt, damit wir keine Dummheiten machen. Er ist ein... wie ein Lotsenfisch, der neben einem Hai herschwimmt. Aber manchmal hängen wir ihn ab, was, Jahein?«

Der Mann am Steuer stieß einen arabischen Fluch aus.

Razzak lachte. »Sergeant Jahein hat eine sehr schlechte Meinung von Captain Majid – und ich muß ihm da zustimmen, obwohl das schlecht für die Disziplin ist. Majid ist lästig. Aber zum Glück ist er außerdem recht dienstbeflissen, so daß er mir nicht zu oft in die Quere kommt – wie zum Beispiel jetzt. Fahr ab, bevor er zurückkommt, Jahein!«

Der Grauhaarige ließ den Motor an, wendete auf der Straße, verfehlte dabei nur knapp Roskills Triumph und fluchte ununterbrochen vor sich hin.

»Ein Panzerfahrer – ich habe Sie gewarnt«, sagte Razzak lächelnd. »Und nicht einmal ein sehr guter. Aber er hat Mut, das muß man ihm lassen.«

Jahein trat das Gaspedal durch, hupte wild und nahm die Kurve zur Hauptstraße auf zwei Rädern, ohne auch nur einen Blick auf den vorfahrtberechtigten Verkehr zu werfen.

»Diplomatische Immunität ist eine wunderbare Sache«,

meinte Razzak zufrieden. »Für Jahein ist sie jedenfalls tröstlich – er hält sie auch für eine Rückversicherung gegen Verkehrsunfälle.«

Jahein schüttelte den Kopf und antwortete heiser auf Arabisch.

»Sprich Englisch, Mann! Du weißt doch, daß es unhöflich ist, vor Gästen anders zu reden.«

Jahein grunzte nur.

Razzak zuckte mit den Schultern und wandte sich wieder an Roskill. »Er spricht eigentlich ganz gutes Englisch – allerdings mit australischem Akzent. Die Australier haben ihm alles beigebracht, was er kann – fluchen, Panzer fahren und Tommys hassen. Vielleicht will er deshalb nicht englisch sprechen. Dafür können Sie sich bei der Neunten Australischen Division bedanken. Aber er ist eine treue alte Seele – er hat eben nur gesagt, wenn die Israelis mich nicht erwischten, sei ich dazu bestimmt, am Galgen zu enden, anstatt bei einem Verkehrsunfall zu sterben.«

Roskill sah, wie die Ampel vor ihnen von Gelb auf Rot umschaltete, und hoffte, daß sich Jaheins Vorahnung bestätigen würde, als der Mercedes über die Kreuzung raste.

»Und er hat vielleicht sogar recht«, meinte Razzak nachdenklich. »Wenn Captain Majid seinen Willen bekommt, ende ich eines Tages bestimmt am Galgen. Aber wohin können wir Sie inzwischen bringen, Staffelkapitän?«

Roskill lehnte sich zurück. »Ihr Fahrer scheint bereits ein Ziel zu haben.«

»Jahein?« Razzak lächelte amüsiert. »Jahein fährt nur gern spazieren. Im Augenblick geht es ihm darum, sich möglichst weit von Captain Majid abzusetzen. Und er muß noch lernen, sich in London zurechtzufinden.«

Roskill beobachtete, wie Jahein eine Verkehrslücke ausnützte, um sich vor einem Taxi einzuordnen, das Vorfahrt hatte. Der

Alte war ein geschickter Fahrer; Roskills erster Eindruck war falsch gewesen.

»Ich wäre Ihnen dankbar, wenn Sie mich in der Nähe der Kathedrale absetzen könnten«, sagte Roskill. »Das ist nicht weit von hier.«

»Jahein findet sie bestimmt«, versicherte ihm der Dicke. Er lehnte sich in die Polster zurück und faltete die Hände über dem Bauch. Der Fahrer schien dieses Signal richtig zu deuten und verlangsamte sein Tempo auffällig. Offenbar ging es nicht darum, irgendein Ziel allzu schnell zu erreichen.

»Ich nehme an, daß Sie sich Gedanken darüber machen, warum ich Ihnen heute abend gefolgt bin«, begann der Ägypter.

»Ich habe alle Ursache, Ihnen dafür dankbar zu sein.«

»Durchaus nicht! Das war doch selbstverständlich. Außerdem muß ich mich bei Ihnen entschuldigen. Ich konnte mir nicht vorstellen, was an der Ryle-Stiftung interessant sein könnte, aber offenbar war das ein Irrtum.«

Roskill ging auf seine nonchalante Art ein. »Sie müssen sich jedenfalls auch für den Van-Pelt-Bericht entschuldigen.«

»Den Van-Pelt-Bericht?« Razzak lachte. »Ja, das war ein bißchen unfair.«

»Und Sie glauben wirklich, daß es nichts gibt, was uns an der Ryle-Stiftung interessieren könnte?«

»Oh, die Stiftung ist vielleicht ganz interessant, Staffelkapitän, aber nicht für *Sie*. Ich dachte, Sie sind Spezialist für Waffen- und Fernlenksysteme, nicht für ... Spionageabwehr. Dafür ist die Sonderabteilung zuständig, glaube ich.«

Roskill ließ sich nicht von seinem freundlichen, fast desinteressierten Tonfall täuschen. Sie wußten beide recht gut, daß dies der Eröffnungszug ihrer Schachpartie war.

»Sie sind also über die Stiftung informiert?«

»Ich weiß, daß sie von jemandem für bestimmte Zwecke benutzt wird, mein Lieber – falls Sie das meinen. Sie nehmen doch nicht an, daß ich gute Werke nur um ihrer selbst willen tue?«

»Und wer ist dieser Jemand?«

»Das wäre aus der Schule geplaudert, nicht wahr? Können Sie mir sagen, wodurch die Stiftung so interessant geworden ist?«

»Ist das die Grundlage für ein Tauschgeschäft, Colonel?«

»Vielleicht.«

Roskill dachte angestrengt nach. Razzak hatte viel zu bieten und würde bestimmt wenig geben. Aber selbst was er nicht gab, konnte bereits interessant sein. Und vielleicht spielte er doch eine andere Rolle, als Roskill bisher vermutet hatte ...

»Jemand – vielleicht Ihr ›Jemand‹ – hat vor einigen Tagen versucht, einen unserer Beamten zu ermorden. Haben Sie das nicht gewußt?«

»Einen Beamten?« wiederholte Razzak erstaunt.

»Einen ziemlich wichtigen Mann. Und Sie wissen nichts davon?«

»Ich bin erst heute nachmittag aus Paris zurückgekommen. Wen meinen Sie?«

»Er heißt Llewelyn. Sie kennen ihn vermutlich.«

»Llewelyn!«

»Überrascht Sie das, Colonel?«

Razzak antwortete nicht gleich. Er schien von dieser Mitteilung ehrlich überrascht zu sein. Aber seine Verblüffung galt offenbar nicht dem Attentat, sondern vor allem der Person des Opfers.

»Llewelyn!« murmelte Razzak vor sich hin. »Diese Idioten! Diese hirnverbrannten Schwachsinnigen!«

»Welche Idioten meinen Sie?«

Der Araber starrte ihn an. »Aber das Attentat ist fehlgeschlagen, nicht wahr? Sie haben Llewelyn nicht erwischt?«

»Llewelyn ist nichts passiert«, bestätigte Roskill. Er mußte sich beherrschen, um nicht zu zeigen, was er empfand. »Aber ein armer Teufel von einem Techniker, der den Wagen untersuchen sollte, ist dabei umgekommen.«

»War eine Bombe in Llewelyns Wagen?« erkundigte sich Razzak.

»Die Attentäter haben TPDX benutzt.«

Der Dicke stieß einen leisen Pfiff aus. »Aha, deshalb waren Sie Ihrem eigenen Wagen gegenüber so mißtrauisch. Gefährliches Zeug, dieses TPDX – ich verstehe Ihre Nervosität! Mit ein bißchen läßt sich viel erreichen.«

»Und Sie wissen, wer es verwendet haben könnte?«

Der Ägypter zuckte mit den Schultern. »Die Russen haben vor einigen Monaten eine Ladung nach Amman geschickt. Inzwischen haben sämtliche Guerillagruppen etwas davon bekommen. Das hilft Ihnen nicht weiter.«

»Und die Israelis?« fragte Roskill geradeheraus.

»Die Israelis?« wiederholte der Colonel erstaunt. »Was soll mit ihnen sein?«

»Sie haben auch TPDX.«

»Wirklich?« Wieder ein Schulterzucken. »Das überrascht mich nicht – die Schweine haben heutzutage vieles, was anderen Leuten gehört. Aber Sie wollen mir doch nicht etwa erzählen, mein lieber Staffelkapitän Roskill, daß die Israelis Llewelyns Wagen vermint haben?«

»Colonel Shapiro wäre zufällig in der Lage gewesen, genau das zu tun.«

»Shapiro?« rief Razzak ungläubig aus. »Das muß ein Witz sein!« Er starrte Roskill prüfend an. »Aber das ist Ihr Ernst, was?«

»Er hatte die Möglichkeit dazu«, verteidigte sich Roskill. Die Reaktion des Arabers war verwirrend.

Razzak schüttelte den Kopf. »Sie sagen nicht alles, was Sie wissen, glaube ich. Falls Shapiro die Möglichkeit hatte, können Sie ihn gleich von Ihrer Liste streichen. Der Kerl ist nämlich kein Dummkopf. Und wenn er Llewelyn erledigen wollte, würde er die Sache richtig aufziehen – die Bombe würde detonieren, während er in Tel Aviv am Strand läge.«

Wieder das gleiche Lied! Es war beruhigend, Audleys Einschätzung bestätigt zu bekommen – aber nicht ausgerechnet von Razzak.

Es sei denn, der Ägypter spielte ehrlich. Es sei denn ...

»Wer kommt Ihrer Meinung nach als Täter in Frage, wenn Shapiro ausscheidet?«

Der Mercedes hielt am Randstein. Roskill sah, daß sie am Ziel waren.

»Sie haben heute abend nicht nach Colonel Shapiro Ausschau gehalten, Roskill«, stellte Razzak fest. »Wen haben Sie dort gesucht?«

»Ich dachte, wir hätten eben einen Handel abgeschlossen, Colonel. Nach wem haben Sie Ausschau gehalten?«

»Eigentlich nach niemandem. Ich habe mich nur dort gezeigt, wo ich sonst selten zu sehen bin. Ich habe mich einigen Leuten gezeigt, die mich sehen sollten.«

»Welchen Leuten?« fragte Roskill langsam.

»Den Narren, Roskill – den Narren! Den Idioten, die Handgranaten werfen und auf Schulbusse schießen. Den Dummköpfen, die nachts Soldaten zu spielen versuchen und bei Sonnenaufgang weglaufen. Den Schwachsinnigen, die zum falschen Zeitpunkt die falschen Leute umbringen.«

»Sie halten also nichts von der Befreiungsbewegung?«

»Befreiungsbewegung!« schnaubte Razzak verächtlich. »Diese Trottel können sich nicht einmal darauf einigen, was sie eigentlich befreien wollen – von der Methode ganz abgesehen.« Er schüttelte energisch den Kopf. »Ich weiß genau, was Sie denken. Sie finden, daß wir Ägypter auch keine großen Befreier sind, weil uns die Zionisten seit neunzehnhundertsiebenundvierzig dreimal heimgejagt haben. Aber das hat nichts zu bedeuten, und wir bleiben trotzdem ihr Hauptgegner, mit dem sie sich eines Tages verständigen müssen. Nicht mit den Syrern, den Jordaniern oder gar der Befreiungsfront!«

»Sie sind gegen jeglichen Guerillakrieg?«

»Ich bin dafür, wenn er vom Landesinneren aus geführt wird. Aber keine idiotischen Unternehmen von der Grenze aus. Und keinen sinnlosen Terror im Ausland – das schafft uns dort nur Feinde. Dadurch haben wir neunzehnhundertsiebenundsechzig verloren. Die verdammten Syrer haben die Musik gemacht, nach der wir tanzen mußten. Aber nächstesmal machen wir die Musik!«

Vielleicht hat er sogar recht, dachte Roskill. Llewelyn ist seiner Meinung – auch wenn Audley noch zweifelt. Aber dadurch ist Alans Tod noch nicht gerächt! Die Politiker können meinetwegen tun, was sie wollen; ich verfolge diesmal mein eigenes Ziel.

»Wenn Sie die Schwierigkeiten im Keim ersticken wollten, haben Sie zu spät angefangen, Colonel«, stellte er fest.

»Aber sie haben Llewelyn nicht erwischt.«

»Richtig, diesmal nicht.«

»Es gibt kein nächstesmal. Dafür sorge ich.«

»Das genügt nicht, Colonel. Wir sind hier nicht im Gazastreifen, wo jeder einen Schuß frei hat. Wir wollen diese Leute, und wenn wir sie nicht von Ihnen bekommen, spüren wir sie selbst auf. Darauf können Sie sich verlassen.«

»Aha.«

Razzak dachte kurz nach. »Nun, ich kann Ihnen etwas sagen, Staffelkapitän: Es gibt eine ... eine neue Gruppe, die etwas mit der Ryle-Stiftung zu tun zu haben scheint. Ich wußte nicht, daß sie schon in London ist, aber sie könnte für diesen Anschlag in Frage kommen. Wenn Sie mir achtundvierzig Stunden Zeit lassen, kann ich eigene Nachforschungen anstellen. Aber ich brauche Zeit.«

»Ich soll also nichts tun?«

»Richtig. Tun Sie überhaupt nichts – und rufen Sie mich vor allem nicht in der Botschaft an, sonst sitzt mir jemand wie Majid im Nacken. Sie können Jahein zu Hause anrufen; er bleibt in seinem Apartment vor dem Fernseher und bestellt Ihnen etwas oder weiß, wo ich zu erreichen bin.« Razzak holte einen zerknitterten Briefumschlag aus der Tasche und kritzelte eine Telefonnummer darauf. »Rufen Sie ihn unter dieser Nummer an. Aber machen Sie um Himmels willen keinen Krach am falschen Ort.«

Roskill griff nach dem Umschlag. Razzak schien tatsächlich erschrocken genug zu sein, um ihm ein ernstgemeintes Angebot zu machen – oder er versuchte nur, Zeit zu schinden.

»Und was wäre ein falscher Ort?«

Der Ägypter erwiderte gelassen seinen Blick. »Zum Beispiel die Ryle-Stiftung. Ich will auch nicht, daß die Israelis mir im Nacken sitzen. Fangen Sie also nicht an, auf sie Jagd zu machen! Daß ich Majid ertragen muß, ist schon schlimm genug.«

»Sie verlangen verdammt viel, Colonel – Sie erwarten praktisch, daß ich dasitze und Daumen drehe. Ich weiß nicht, ob ich das tun kann, ohne genau über Ihre Absichten informiert zu sein.«

Der Araber holte tief Luft. »Sagt Ihnen der Name Hassan etwas?«

Roskill legte den Kopf schief. Er mußte lebhaft interessiert wirken, ohne sich anmerken zu lassen, wie sehr ihn diese Frage überrascht hatte.

»Hassan wer?«

»Hassan genügt vorläufig. Es ist nicht einmal wichtig, ob es sich dabei wirklich um einen Mann oder nur eine gefährliche Idee handelt. Aber ich bin hinter ihm her, Roskill – ich bin hinter ihm her.«

»Und wenn Sie ihn gefunden haben, liefern Sie ihn uns aus?«
»Darauf können Sie Gift nehmen!« knurrte Razzak. »Hoffentlich passen Sie dann gut auf ihn auf! Falls Hassan nämlich Llewelyns Wagen vermint hat und jetzt merkt, daß ich herumschnüffle, setzt er mich ganz oben auf seine Liste!«

9

Howe war bereits gegangen, als Roskill zum drittenmal die Abteilung anrief. Jemand viel Jüngeres meldete sich und machte keine Schwierigkeiten – die bei Howe zu erwarten gewesen wären –, als Roskill bat, mit dem Techniker vom Dienst verbunden zu werden.

Er hatte mit dem Gedanken gespielt, weitere Informationen über Razzak anzufordern, aber dann war ihm eingefallen, was Audley gesagt hatte: Llewelyn durfte nicht erfahren, was sie vorhatten, und jede offizielle Anfrage würde ihm vorgelegt werden. Das bedeutete, daß sie von ihrem eigenen Informationsdienst abgeschnitten waren und sich selbst behelfen mußten. Für Audley war das keine Schwierigkeit, aber Roskill saß dadurch praktisch auf dem trockenen – und genau das konnte Audley beabsichtigt haben!

Selbst der Anruf beim Technischen Dienst war riskant, aber dieses Risiko mußte er eingehen. Der Triumph stand unbewacht in der Bunnock Street, und wenn irgendein ahnungsloser Autodieb den Wagen zu stehlen versuchte, konnten die Folgen katastrophal sein. Das Risiko war zu groß.

Roskill seufzte. Zumindest war der Wagen ein greifbarer Gegenstand, der untersucht und analysiert werden konnte. Er gehörte zu einer Welt, die Roskill begriff, nicht zu Audleys Welt aus Möglichkeiten, Theorien und Hypothesen.

*

Am anderen Ende meldete sich eine weiche schottische Stimme. Maitland, Alans Seniorpartner, hatte also schon dienstfrei. Ein bedrückender Gedanke, daß sich unter normalen Umständen Alan Jenkins gemeldet hätte...

»Sie haben Schwierigkeiten mit Ihrem Wagen?« fragte der Techniker.

Roskill erklärte ihm so knapp wie möglich, was in der Bunnock Street passiert war.

»Das war klug von Ihnen, Sir«, stimmte der andere zu.

»Ich habe jedenfalls Glück gehabt.«

»Richtig, das auch«, sagte der Schotte. »Der Wagen ist weggeschafft und wieder zurückgebracht worden? Gut, dann wissen wir, was wir zu tun haben.«

Roskill räusperte sich. Der Techniker würde sich fragen, warum er darauf bestanden hatte, selbst mit ihm zu sprechen.

»Ich wollte Sie nur warnen...«, begann er verlegen. »Ich habe das Gefühl, daß es eine Verbindung zwischen meinem Wagen und dem Wagen, bei dessen Untersuchung Alan Jenkins umgekommen ist, geben könnte.«

Der andere antwortete nicht gleich.

»Danke, Sir«, sagte er dann. »Daran hatte ich auch schon gedacht. Keine Angst, ich passe gut auf – und Sie bekommen Ihren Wagen heil zurück.«

Der Geruch, der Roskill am Eingang von Shabtais Club entgegenschlug, erinnerte ihn sofort an das Messezelt unter den Tarnnetzen eines israelischen Feldflugplatzes: ein jüdischer Kochdunst, der eher merkwürdig als exotisch und so erregend wie die ganze Atmosphäre auf dem Flugplatz gewesen war. Roskill schob den Perlenvorhang zur Seite, hatte eine uralte gußeiserne Wendeltreppe vor sich und stieg in ein Kellergewölbe hinunter. Die Luft war von Zigarettenrauch dunstig, und die Kerzen auf den Tischen gaben gerade so viel Licht, daß zu erkennen war, woher das Stimmengewirr kam.

Roskill hielt einen schwitzenden Kellner an und fragte nach Jake Shapiro. Der Mann nickte grinsend, während er in die hinterste Ecke deutete. Roskill zwängte sich an besetzten Tischen vorbei. »Colonel Shapiro?«

Seine Augen hatten sich inzwischen an das Halbdunkel gewöhnt, aber Shapiro war ohnehin unverkennbar: Der buschige Stalinbart, das kantige Gesicht und die breiten Schultern waren charakteristisch genug. Shapiro hob langsam den Kopf. Sein Mund lag im Schatten des Schnurrbarts, so daß Roskill nur erraten konnte, daß er lächelte.

»Ah, ich habe mich schon gewundert, wer das sein könnte!« Shapiro stellte seinen Bierkrug auf den Tisch und strich sich eine schwarze Locke aus der Stirn. »Roskill, nicht wahr? Einer aus Sir Fredericks Bruderschaft? Wir haben uns kennengelernt, als der arme David geheiratet hat – nur waren Sie damals in Uniform, stimmt's?« Er machte eine einladende Handbewegung. »Nehmen Sie Platz, Staffelkapitän, nehmen Sie Platz!«

»Freut mich, daß ich erwartet werde«, antwortete Roskill gedehnt. »Ich hatte schon Angst, eine private Unterhaltung zu stören.«

»Durchaus nicht! Davids Freunde sind mir immer willkommen – sogar geschäftlich. Sie müssen einen Schluck Bier mit mir trinken.« Shapiro hob seinen Krug und schnalzte mit den Fingern. »Ich habe hier ein eigenes kleines Faß – richtiges Bier, nicht dieses Gesöff, das man heutzutage überall bekommt.«

Er trank einen großen Schluck.

»Ehrlich gesagt habe ich nicht *Sie* erwartet, Roskill. Jemanden von der Sonderabteilung – Cooper oder Cox; vielleicht auch Jack Butler, falls Sir Frederick sich eingeschaltet hat. Ich dachte, Sie seien nur noch Flieger. Sie waren übrigens bei uns, um sich ein bißchen umzusehen, nicht wahr?«

»Ja, ich war zu einem kurzen Besuch in Israel«, gab Roskill vorsichtig zu. »Ihre Landsleute waren sehr gastfreundlich.«

»Soviel ich gehört habe, haben Sie eine Menge präziser Fragen gestellt. Der allgemeine Eindruck ist, daß Sie mehr bekommen als gegeben haben.« Shapiro hob den Zeigefinger. »Ich muß mich wohl vorsehen, was?«

Roskill grinste bei dem Gedanken, jemand könnte Shapiro hereinlegen, wenn er vorher gewarnt worden war.

»Aber Sie haben Besuch erwartet?«

»Jemand hat heute nachmittag nach mir gefragt, habe ich gehört. Und ich habe damit gerechnet, seitdem ich das von Llewelyns Wagen weiß.« Shapiro warf Roskill einen fragenden Blick zu. »Ich nehme an, daß Ihnen bekannt ist, daß ich am fraglichen Abend mit ihm diniert habe?«

Und das trotz aller Geheimhaltung . . .

»Sie scheinen gut informiert zu sein. Colonel Razzak war es offenbar nicht.«

Shapiro zuckte mit den Schultern. »Das ist mein Job – und Sie können es mir nicht vorwerfen, wenn Razzak seinen nicht versteht. Aber das ist ihm gegenüber unfair, weil er sich ein paar Tage in Paris amüsiert hat, nicht wahr? Ist er schon wieder zurück?«

Roskill beobachtete den Kellner, der mit einem großen Glaskrug und einem zweiten Bierkrug auf sie zukam. Er stellte den Bierkrug vor Roskill auf den Tisch, schenkte mit geübter Handbewegung ein und bei Shapiro nach.

»Endlich!« Der Colonel nickte zufrieden. »Besseres Bier als dieses hier gibt's in ganz London nicht mehr. Der Mann, von dem ich es beziehe, schwört Stein und Bein, daß dieses Bier ein Erzeugnis wahrer Braukunst sei, aber ich glaube, daß es nur mehr Malz und weniger Wasser enthält. Der Rest ist Augenwischerei.«

Das Bier mag gut sein, dachte Roskill, aber zusammen mit

dem Whisky kann es gefährlich werden. Er gab sich einen unmerklichen Ruck, prostete Shapiro zu und leerte seinen Krug.

»Bravo!« sagte Shapiro begeistert. »Noch mal das gleiche?«

»Danke, ich habe heute abend schon zuviel getrunken«, wehrte Roskill ab. »Ich kann sonst nicht mehr fahren und . . .« Er machte eine Pause, als ihm einfiel, daß er im Augenblick keinen Wagen hatte, weil ihn der Schotte untersuchte.

»Aha! Angst vor der Tüte, was?« Shapiro nickte bedauernd. »Ich fahre in London nie mit dem Auto und vergesse manchmal, daß manche Leute das noch tun. Sie sollten die öffentlichen Verkehrsmittel benutzen, mein Freund. In London gibt's ohnehin zu viele Autos.«

»Es spielt also keine Rolle, wenn gelegentlich eines in die Luft gejagt wird?«

Shapiro starrte die karierte Tischdecke an.

»Das war eine schlimme Sache – eine ganz schlimme Sache«, sagte er nachdrücklich. »Nicht wegen des Autos. Ein Auto mehr oder weniger bedeutet nichts. Aber Sie haben einen Mann verloren, nicht wahr?«

»Einen guten Mann.«

»Jeder Mann war gut, wenn man ihn verloren hat. Das wissen wir in Israel am besten, weil wir uns keine Verluste leisten können. Wir sind schon wenig genug.«

»Dann verstehen Sie bestimmt, daß wir herausbekommen möchten, warum wir ihn verloren haben.«

Shapiro zog die Augenbrauen hoch. »Weiß Llewelyn das denn nicht?« Er machte eine Pause. »Nein, er weiß es offenbar nicht, aber weil ich mit ihm gegessen habe, hält er mich für verantwortlich, stimmt's? Glaubt er das? Glauben Sie das?«

»Ich glaube . . .« Roskill erinnerte sich an Audleys Worte. »Ich glaube, daß das nicht ganz Ihr Stil ist.«

»Mein Stil?« Shapiro lächelte schief. »Bei solchen Dingen gibt's keine Stilfragen. Man tut sie oder man tut sie nicht. Aber ich freue mich, daß Sie mir das nicht zutrauen. Ich habe nämlich keinen Grund, Llewelyn zu erledigen. Ich mag ihn nicht, und er kann mich nicht leiden. Aber er bemüht sich um einen Frieden im Nahen Osten, und mir wäre jeder Frieden lieber als der Zustand, der jetzt dort herrscht.«

Das klang wie eine ehrliche Antwort; aber es war keine Antwort auf die eigentliche Frage.

»Wenn ich's nicht war, muß es ein anderer gewesen sein, und ich soll Ihnen sagen, wer dafür in Frage käme, nicht wahr?« Shapiro grinste wieder. »Ich bin davon überzeugt, daß Sie nicht nur hergekommen sind, um mich zu beruhigen.«

»Ich hoffe, daß Sie mir etwas über Muhammad Razzak erzählen können«, sagte Roskill.

»Razzak?« Shapiro runzelte die Stirn. »Soll das heißen, daß der alte Razzak zu den Verdächtigen gehört? Ich möchte bezweifeln, daß er Llewelyn von Lord Snowdon unterscheiden kann. Außerdem ist er Soldat, kein Terrorist.«

»Viele Soldaten haben ihren Beruf gewechselt, Colonel Shapiro. Zum Beispiel Sie.«

»Oho! Oder auch Sie, Staffelkapitän«, antwortete Shapiro ironisch. »Und ich bin davon überzeugt, daß wir das beide eines Tages bereuen werden. Aber Razzak war in Paris. Soll das ein verdächtiges Alibi sein?«

Roskill kam es merkwürdig, wenn nicht gar verdächtig vor, daß sich diese beiden alten Kämpen gegenseitig entlasteten. Er hätte zumindest erwartet, daß sie versuchen würden, einander möglichst zu schaden.

»Daß er in Paris war, ist kein Unschuldsbeweis, während Ihre Anwesenheit in Oxford Sie nicht schon zum Attentäter macht, Colonel. Sie haben beide Ihre Hunde, die Sie für sich bellen lassen.«

»Und Sie glauben, Razzak könnte seine Meute auf Llewelyn gehetzt haben?«

»Ich weiß nicht, ob ich Ihre Meinung von Colonel Razzak teile, und kenne seinen Stil natürlich nicht.«

Shapiro machte eine ungeduldige Handbewegung. »Stil! Das ist alles Unsinn, sage ich Ihnen. Ich kenne den Mann und garantiere Ihnen, daß er kein...«

Er sprach nicht weiter, als der Kellner mit dem Glaskrug in der Hand vor ihnen auftauchte. Roskill legte die Hand auf seinen Krug, aber diesmal wandte der Mann sich nur an Shapiro.

»Telefon im Hinterzimmer, Jake«, sagte er und wies mit dem Daumen nach rückwärts. »Dringend.«

»Heutzutage ist alles verdammt dringend«, beschwerte sich Shapiro. »Danke, Shabby. Kümmerst du dich um meinen Freund?«

Bevor Roskill protestieren konnte, schenkte der Mann ihm den Bierkrug voll. Shapiro stand auf, schien gehen zu wollen und blieb noch einmal stehen. Er sah auf Roskill hinunter.

»Sie beurteilen Razzak ganz falsch – und mich übrigens auch. Ich habe keine schlechte Meinung von ihm. Er ist wirklich kein schlechter Kerl... Warten Sie hier auf mich?«

Als er gegangen war, starrte Roskill nachdenklich in seinen Bierkrug und versuchte, sich zu konzentrieren. Aus irgendeinem unerfindlichen Grund bemühten sich Razzak und Shapiro, einander keine Schwierigkeiten zu machen. Und Razzak hatte ihm sogar angeboten, ihm Informationen über Hassan zu beschaffen. Vielleicht konnte er Shapiro dazu bringen, ihm ein noch besseres Angebot zu machen.

Und trotzdem war Hassan, der allgemeine Buhmann, immer noch eine völlig nebelhafte Gestalt. Bisher schien es keine Verbindung zwischen ihm und East Firle und Alan Jenkins zu geben. Nur Razzak und Shapiro hatten bestimmt etwas damit zu tun: Die beiden waren irgendwie in die Sache verwickelt, auch wenn sie sich gegenseitig weiße Westen bestätigten.

Roskill nickte trotzig vor sich hin. Alle versuchten immer

wieder, ihn hereinzulegen, und er konnte vor Bier, Rauch, Lärm und Hitze kaum noch klar denken. Er griff nach seinem Bierkrug, sah sich um, ob er beobachtet wurde, und leerte den Krug in den Kasten mit Plastikblumen neben dem Tisch. Im nächsten Augenblick kam Shapiro zurück, ließ sich auf seinen Stuhl fallen und betrachtete Roskill mit gerunzelter Stirn.

»Na, denken Sie noch immer über den alten Razzak nach?« erkundigte er sich. »Freund, ich bin kein großer Bewunderer der Ägypter, aber ich würde meinen letzten Schekel darauf verwetten, daß Razzak nichts mit dem Attentat auf Llewelyn zu tun gehabt hat. Für seinen geschniegelten Captain Majid könnte ich nicht garantieren, aber für Razzak lege ich die Hand ins Feuer. Er ist kein Meuchelmörder; er tritt seinen Gegnern offen gegenüber.« Shapiro machte eine Pause. »Verstehen Sie, was ich sagen will?«

»Ich weiß nicht, ob ich Sie richtig verstanden habe«, antwortete Roskill langsam. Vielleicht wollte der gerissene Kerl damit genau das Gegenteil erreichen; vielleicht sollte sein Lob dem Ägypter schaden. »Aber ich finde Ihre Bewunderung für Colonel Razzak zumindest ... rührend.«

Shapiro verzog das Gesicht. »Ah, dieser englische Hochmut! Die minderen Rassen dürfen im Kampf keine unangebrachte Fairneß zeigen, nicht wahr? Ich bitte um Verzeihung, Staffelkapitän. Aber ich spreche nicht nur aus Bewunderung. Ich kenne Razzak – er war bei uns in Gefangenschaft –, unterschätze ihn keineswegs und weiß, was er denkt. Genügt Ihnen das?«

»Sie sind also der Meinung, wir sollten uns anderswo umsehen?«

»Ich bin davon überzeugt, daß Sie Ihre Zeit mit Razzak vergeuden.« Shapiro warf Roskill einen neugierigen Blick zu. »Ist das überraschend – mein Rat?«

Roskil nickte. »Sogar ziemlich.«

»Ich sollte lieber Stunk machen, was?« Shapiro grinste. »Das wäre reizvoll, wenn er dadurch wirklich Unannehmlichkeiten hätte. Aber es hat keinen Zweck, vor eingebildeten Gefahren zu warnen. Damit setzt man seine eigene Glaubwürdigkeit herab.« Er beugte sich vor. »Sie fragen sich, warum ich so nett zu dem alten Razzak bin – und Ihnen so bereitwillig helfe. Aber in Wirklichkeit würde ich für Sie beide keinen Finger krummmachen, denn Sie würden mir auch nicht helfen. Aber betrachten Sie die Sache einmal von meinem Standpunkt aus: Ich weiß, daß ich es nicht war, und ich glaube nicht, daß Razzak als Täter in Frage kommt. Aber ich weiß auch, daß irgendein dämlicher Araber das Attentat verübt hat, und bin natürlich zufrieden, wenn Sie ihn fassen. Und wenn's mir paßt, sorge ich dafür, daß die Geschichte durch die gesamte Presse geht.«

»Aber nicht, wenn wir die Veröffentlichung verbieten.«

»Verbieten?« Shapiro lachte spöttisch. »In Amerika und Europa können Sie die Veröffentlichung nicht unterbinden. Für die dortige Presse wird der Fall sogar noch interessanter, wenn Sie das in England tun. Und mit meinen Kontakten zu Unterhausabgeordneten kann ich dafür sorgen, daß Ihr Verbot widerrufen wird. Ich bin durchaus damit zufrieden, wenn Sie Ihren Attentäter erwischen.«

Genauso beurteilte auch Roskill den Stand der Dinge. Bisher waren alle arabischen Anschläge von der Presse ausgeschlachtet worden und hatten den Arabern dadurch eher geschadet. Aber ein Attentat auf einen britischen Regierungsbeamten würde die Öffentlichkeit mehr als alles andere gegen die arabische Sache aufbringen.

Andererseits hatten die Mörder es nicht auf Llewelyn abgesehen gehabt; er durfte nicht vergessen, daß es ihnen nur darum gegangen war, einen unangenehmen Augenzeugen so schnell wie möglich zu beseitigen.

Aber was hatte der Zeuge gesehen?

»Tut mir leid, daß Sie diese Sache einen guten Mann gekostet hat, Roskill«, sagte Shapiro, der seinen Gesichtsausdruck falsch deutete. »So was ist verdammt schade und nützt weder uns noch den Ägyptern und schon gar nicht den armen Teufeln in Flüchtlingslagern.«

»Nur den Russen.«

»Denen?« Shapiro winkte ab. »Denen auch nicht. Die Araber können sie nicht ausstehen.«

Das behauptete Audley auch immer. Wer sich im Nahen Osten einmischte, hatte keinen Dank zu erwarten.

»Sie behaupten also, Razzak sei unschuldig, und Razzak garantiert für Ihre weiße Weste«, stellte Roskill fest. »Aber wer kommt sonst für den Fall in Frage?«

»Sagt der alte Razzak das? Wie anständig von ihm!« Shapiro strich sich den Schnurrbart. »Nun, Llewelyn wäre nur ein lohnendes Opfer, wenn er bei den Verhandlungen im Nahen Osten die entscheidende Rolle zu spielen hätte – was nicht zutrifft. Er glaubt allerdings vielleicht selbst daran und kann jemanden davon überzeugt haben... Wir suchen also jemanden, der harmlos genug ist, um das zu glauben, und fanatisch genug, um zu morden...«

»Mit TPDX«, warf Roskill ein.

»Tatsächlich?« Shapiro zog die Augenbrauen hoch. »Dann brauchen wir auch einen Sprengstoffexperten.«

»Ist das Zeug so gefährlich?«

»Nein, nur wirksam. Wenn Sie nur einen Mann verloren haben, ist sehr wenig verwendet worden. Ein Anfänger hätte zuviel genommen und den halben Block in die Luft gesprengt.« Er zählte die Punkte an den Fingern ab. »Nicht die offizielle Fatah – seit der letzten Pleite sind Auslandsjobs verboten. Auch nicht Saiqa – ihr Londoner Vertreter legt im Augenblick Wert auf gute Presse.« Shapiro runzelte die Stirn. »Natürlich könnten sie weiße Experten angeheuert haben. Das tun diese Gruppen normalerweise nicht, weil sie sich dann minderwertig vorkommen. Aber bei einem einzigen Job könnten sie eine Ausnahme gemacht haben ...« Er machte eine Pause. »Nein, das ist unwahrscheinlich. Wenn es je herauskäme, würden sie ihr Gesicht verlieren. Da Moskau viele von ihnen ausbildet, müssen sie selbst mit dem Zeug umgehen können ... Was bedeutet das für uns?«

Wenn er eine Möglichkeit nach der anderen abhakte, konnte die Suche stundenlang dauern und trotzdem ergebnislos bleiben. Roskill beschloß, das Verfahren abzukürzen.

»Was ist mit Hassan?«

Shapiro starrte ihn wie ein Lehrer an, der plötzlich mit einer verdächtig intelligenten Frage konfrontiert wird. Dann nickte er zufrieden.

»Der steckt also dahinter!« murmelte er. »Hassan ist endlich aktiv geworden!« Er stieß einen leisen Pfiff aus. »Das ist allerdings ein Gedanke. Jetzt müssen wir alle Sicherheitsgurte anlegen, was?«

»Sie wissen also über Hassan Bescheid?«

»Ich soll über ihn Bescheid wissen? Mein Freund, bis Sie ihn eben erwähnt haben, habe ich gehofft, er werde sich als bloßes Gerücht erweisen. Aber wenn ihr Engländer euch seinetwegen Sorgen macht, mache ich mir auch welche!«

»Was wissen Sie wirklich über ihn?«

»Sehr wenig. Ich habe ihn für ein Gerücht gehalten.« Shapiro breitete die Hände aus.

»Wir halten ihn nicht für eines.«

»Tatsächlich?« Er sah Roskill ins Gesicht. »Dann möchte ich Ihnen zur Vorsicht raten, Staffelkapitän. Gehen Sie langsam und behutsam vor. Was hat Razzak über ihn gesagt?«

»Er hat sich ganz ähnlich geäußert, Colonel Shapiro.«

»Dann bin ich ausnahmsweise der gleichen Meinung. Er hat Ihnen einen guten Rat gegeben.«

Eines stand fest: Weder Razzak noch Shapiro wollten Schwierigkeiten. Und da der Ägypter unter Druck ein vorteilhaftes Angebot gemacht hatte, würde der Israeli vielleicht ähnlich reagieren ...

»Das können wir leider nicht tun, fürchte ich. Diesmal müssen wir uns zur Wehr setzen.« Roskill suchte nach dem richtigen Argument. »Llewelyn ist vielleicht nicht so wichtig, wie er glaubt, aber er hat trotzdem Einfluß. Wenn Sie mir keinen Hinweis auf Hassan geben können, müssen wir ganz London nach ihm absuchen.«

Der Israeli schwieg nachdenklich. Dann hob er den Kopf und blinzelte Roskill mit Verschwörermiene zu.

»Gut, wenn Sie's mit der harten Masche versuchen wollen ... Lassen Sie sich einen Rat geben, mein Freund. An Ihrer Stelle würde ich mit David Audley reden.«

»David!« Roskill war ehrlich überrascht. »Aber David ist gar nicht mehr für den Nahen Osten zuständig.«

»Das brauchen Sie mir nicht zu erzählen.« Shapiro lachte böse. »Aber er ist trotzdem immer noch der beste Mann, den Sie haben – und Sie sind sein Freund. Er steht doch nicht unter Quarantäne?«

Roskill runzelte die Stirn. Das mit dem besten Mann mochte stimmen, aber der beste Mann hatte diese Entwicklung nicht vorausgesehen!

»Hören Sie, Roskill«, fuhr der Colonel fort, »Sie brauchen jemanden, der die Lage beurteilen kann. Gehen Sie zu David und erzählen Sie ihm, daß ich Sie zu ihm geschickt habe. Sprechen Sie mit ihm über Hassan – und Llewelyn. Und richten Sie ihm aus, daß uns die Alamut-Liste allen Angst macht.«

»Die Alamut-Liste?«

Shapiro nickte. »Alamut. David weiß genau, was das bedeutet – wahrscheinlich sogar besser als wir alle!«

10

East Firle lag wie immer ruhig und unverändert am Fuß des Beacon Hill. Auch das große alte Haus schien sich nicht verändert zu haben, und selbst das zweiflüglige Holztor an der Einfahrt stand wie früher unbeweglich offen. Es war baufällig, aber die Erneuerung wäre schon vor vier Jahren zu teuer gewesen und überstieg nun bei weitem die finanziellen Möglichkeiten einer Witwenrente. Die weiße Farbe war vielleicht etwas mehr abgeblättert, und der Flieder dahinter wucherte höher. Aber das Haus machte den gleichen Eindruck wie früher: renovierungsbedürftig, aber trotzdem einladend.

Roskill drückte auf den Klingelknopf der Sprechanlage. Im Haus schrillte eine Klingel. Alan mußte die Anlage installiert haben; sie war eine Erinnerung an die gute alte Zeit, in der sich seine Begeisterung für Elektrotechnik in solchen Verbesserungen ausgewirkt hatte.

»Ja?« fragte eine etwas blechern klingende Frauenstimme.

»Ich bin's – Hugh Roskill«, antwortete er.

»Hugh Roskill«, wiederholte die Stimme erstaunt. »Hugh Roskill! Onkel Hugh! Mein Gott, komm doch 'rein! Ich bin gleich unten.«

›Onkel Hugh‹ konnte nur bedeuten, daß die Stimme Penelope gehörte, dem Nesthäkchen der Familie, dem unprogrammierten Familienzuwachs, dem Mädchen in der gräßlichen englischen Schüleruniform, das sich im Hintergrund herumgedrückt und seinen älteren Bruder Harry aus der Ferne vergöttert hatte. Die arme Kleine hatte in den vergangenen vier Jahren Harry, ihren Vater und nun auch Alan verloren.

Roskill öffnete die Tür und betrat die Diele. Sie war größer und leerer, als er sie in Erinnerung hatte. Er drehte sich um, als er Schritte auf der Treppe hörte.

»Hugh? Du bist doch Hugh? Mit dem Bart hätte ich dich fast

nicht erkannt – ich wußte gar nicht, daß man bei der RAF solche Bärte tragen darf.«

Keine Schüleruniform und kein Pferdeschwanz mehr; statt dessen Pulli, Jeans und langes Haar. Harrys kleine Schwester trug die neue Uniform aller Teenager.

»Ich fliege gerade nicht, deshalb hat niemand etwas dagegen. Tut mir leid, daß er dir nicht gefällt, Penelope.«

»Aber er gefällt mir ja! Ich finde, daß er dir prima steht. Richtig sexy!« Sie warf ihm einen prüfenden Blick zu. »Du bist wegen Alan hier, nehme ich an«, sagte sie nüchtern.

»Das auch«, gab er verlegen zu.

»Mom ist zum Einkaufen nach Lewes gefahren, aber sein Zimmer steht offen, und du kannst es durchsuchen, wenn du willst. Mir ist das gleich.«

»Warum sollte ich sein Zimmer durchsuchen wollen?«

Sie strich sich die Haare aus dem Gesicht. »Nun, er hat doch beim Geheimdienst gearbeitet – Leute bespitzelt und so. Deshalb haben wir damit gerechnet, daß sich jemand für seine Sachen interessieren würde.« Sie starrte ihn an. »Bespitzelst du jetzt auch Leute, seitdem du nicht mehr fliegst?«

»Nein, nein, ich bin Radarfachmann«, versicherte er ihr hastig. Er versuchte, das Thema zu wechseln, und kam sich dabei als Heuchler vor. »Das mit Alan tut mir wirklich leid, Penelope. Es war verdammtes Pech.«

»Ja, das muß es wohl gewesen sein. Wir haben nur erfahren, daß er bei einer Explosion im Labor umgekommen ist. Wolltest du Mom die gräßlichen Einzelheiten schildern?«

»Ich weiß auch nicht mehr. Ich bin nur zufällig vorbeigekommen.«

»Oh.« Ihr Interesse schwand sichtlich. »Mom kommt bestimmt erst mittags zurück. Vielleicht nicht einmal dann, falls sie Bekannte trifft. Tante Mary ist natürlich da – du kannst sie besuchen, wenn du willst.«

Tante Mary war natürlich da. Sie war immer da – oder zumindest nie weiter entfernt, als sie im Rollstuhl fahren konnte. Trotzdem war Roskill vor allem ihretwegen hergekommen, denn sie sah und hörte mehr als die meisten anderen Menschen. Sollte sich an dem bewußten Tag etwas in East Firle ereignet haben, würde Tante Mary darüber informiert sein. Sie hatte ein starkes Marineglas, mit dem sie oft die Hügel beobachtete ...

»Ja, ich möchte sie gern wiedersehen«, stimmte Roskill zu. »Ist sie in ihrem Zimmer?«

Penelope nickte schweigend, wandte sich ab und lief die Treppe hinauf.

»Du bist's, Hugh!« Sie hatte ihren Rollstuhl erwartungsvoll zur Tür hingedreht; sie mußte die Stimmen gehört haben, und kaum ein Besucher verließ das Haus, ohne bei ihr gewesen zu sein.

Er hatte vergessen, wie schön sie war. Ihre sechzig Jahre und die Arthritis und die Schmerzen, durch die sie vorzeitig gealtert war, hatten ihre Schönheit kaum beeinträchtigen können. Auch Isabel würde eines Tages so altern.

Sie streckte ihm die Hände entgegen. »Wir haben uns so lange nicht mehr gesehen, Hugh. Du hast uns gefehlt.«

»Mary ... Er nahm die kalten, verkrüppelten Hände in seine.

»Oh, ich freue mich, daß du gekommen bist!«

Roskill hatte ein schlechtes Gewissen, weil er nur gekommen war, um sie auszufragen. »Nach Harrys Tod hatte ich einfach nicht den Mut, wieder herzukommen«, hörte er sich sagen. »Ich glaube ... ich habe mich irgendwie verantwortlich gefühlt. Ich hätte an seiner Stelle in der Maschine sitzen müssen.«

»Unsinn, Hugh! Du konntest nichts dafür. Das hätte er dir auch gesagt.«

»Nein, so einfach war die Sache nicht, Mary«, fuhr Roskill zu seiner eigenen Überraschung fort. »Ich bin natürlich befördert worden – und Harry auch –, aber ich habe nur die Gelegenheit ausgenützt, nicht mehr fliegen zu müssen. Ich hatte einfach nicht mehr die Nerven dafür.«

»Hugh! Das ist noch unsinniger. Wenn dir so zumute war, hast du völlig recht gehabt. Aber das hat nichts mit Harrys Tod zu tun.« Sie schüttelte energisch den Kopf. »Und wie geht's dir jetzt, Hugh? Bist du glücklich? Bist du mit deinem Job zufrieden?«

»Ich weiß nicht, ob ich nützliche Arbeit leiste, Mary, aber sie ist jedenfalls interessant.«

Sie nickte lächelnd. »Bist du schon verheiratet?«

Roskill hätte beinahe gesagt: Nein, Mary, aber ich liebe eine sieben Jahre ältere Frau, die zwei Söhne im Internat und einen reichen Mann hat, der sich um nichts kümmert, solange sie kein Aufsehen erregt.

»Nein, noch nicht«, gab er zu. »Und wie geht's dir? Hast du immer noch den Finger an East Firles Puls?«

»Pfui, Hugh! Das klingt so, als wäre ich eine neugierige alte Frau – und das bin ich hoffentlich nicht.«

»Keineswegs. Du bist nur eine gute Zuhörerin, Mary.« Er versuchte nicht, sie zu täuschen, denn sie hätte sein Täuschungsmanöver durchschaut. »Deshalb komme ich jetzt zu dir.«

Sie warf ihm einen prüfenden Blick zu. »Es handelt sich um Alan, nicht wahr?«

»Ja.«

Marys Blick ließ ihn nicht los. »Was willst du über ihn wissen?«

»Er hat seinen letzten Urlaub hier verbracht.« Roskill schluckte trocken. »Ich möchte ... wir müssen wissen, was er getan und wo er sich aufgehalten hat. Und mit wem er sich getroffen hat oder ob er irgend etwas Besonderes gesehen oder gesagt hat.« Er sah an ihrem entsetzten Gesichtsausdruck, daß er die Sache gründlich verpatzt hatte. »Alan hatte nichts auf dem

Gewissen, Mary«, beruhigte er sie. »Aber wir glauben, daß er Informationen für uns hatte – wichtige Informationen. Was ich hier tue, ist eigentlich bloße Routine.«

»Aber die Informationen waren wichtig?« Als Roskill nickte, fügte sie hinzu: »Dann überrascht es mich, daß er in dem Brief an dich nichts davon erwähnt hat.«

»In einem Brief an mich?«

»Hast du ihn denn nicht bekommen? Er hat ihn am Dienstag morgen geschrieben und sich eine Briefmarke von mir geben lassen.«

»Einen Brief an mich?«

»Alan hat gesagt, er sei an dich. Er hat mir versprochen, dir einen Gruß zu bestellen. Penny hat ihn nach Lewes mitgenommen, weil er am nächsten Tag in London sein sollte. Und du hast ihn nicht bekommen?«

Roskill schüttelte den Kopf. Ein Brief von Alan? Der Junge muß also etwas gesehen haben. Und der Brief ist irgendwo unterwegs verschollen, weil er weder im Büro noch in der Wohnung zugestellt worden ist...

Mary drehte ihren Rollstuhl herum und griff nach dem Hörer des altmodischen Telefons.

»Ich frage sicherheitshalber nach, ob Penny ihn wirklich aufgegeben hat. Ich weiß, daß sie am Dienstag morgen nach Lewes gefahren ist, aber... Penny? Du erinnerst dich doch an den Brief, den du für Alan aufgeben solltest? Hast du ihn eingeworfen?« Sie hörte kurz zu. »Wie bitte? Du hast ihn...« Mary runzelte die Stirn. »Augenblick, das erzählst du Hugh am besten gleich selbst.«

Roskill griff nach dem Hörer. »Penelope? Was hast du mit dem Brief getan?«

»Hast du ihn nicht bekommen? Na, das ist dann die Schuld von Alans Freund. Er wollte ihn einwerfen.«

»Welcher Freund war das?«

»Mein Gott, woher soll ich das wissen? Er war hier, nachdem Alan abgefahren war; er wollte Alan dringend sprechen, aber ich habe ihm gesagt, Alan sei schon weg.«

»Hast du ihm gesagt, wohin Alan gefahren war?«

»Das konnte ich nicht, weil Alan vergessen hatte, uns seine neue Adresse zu geben. Ich habe ihm nur erklärt, Alan sei am nächsten Morgen wieder in seiner Dienststelle zu erreichen.«

»Und der Brief? Hast du ihm den Brief gegeben?«

»Der Brief hat auf dem Tisch in der Diele gelegen – ich wollte ihn in Lewes einwerfen. Ich habe zu Alans Freund gesagt, die neue Adresse könnte in dem Brief stehen, aber er wollte nicht, daß ich ihn aufmachte, weil auf dem Umschlag ›privat‹ stand.«

Roskill schloß die Augen. Er spürte, wie ihm ein eiskalter Schauer über den Rücken lief. Sie hatte ihn umgebracht. Sie hatte ihn in aller Unschuld ermordet, aber sie hätte das TPDX ebensogut mit eigenen Händen anbringen können.

»Hallo, Hugh . . . Bist du noch da?«

Er riß sich zusammen. »Ja, Penelope. Du hast ihm also den Brief mitgegeben?«

»Nun, er war dagegen, ihn zu öffnen. Aber er wollte nach London zurück und hat mir angeboten, ihn dort einzuwerfen. Ich habe ihm den Brief natürlich mitgegeben. Wahrscheinlich hat er ihn ganz vergessen. Tut mir leid, wenn der Brief wichtig war, aber Alans Freund hat ganz vernünftig gewirkt.«

»Wie hat er ausgesehen?«

»Der Freund? Oh, schwarzhaarig und dunkel – ein richtiger Südländer. Unauffällig angezogen, aber trotzdem elegant.«

»Danke, Penelope.« Roskill ließ langsam den Hörer sinken. Nun war alles klar: Die Mörder hatten gewußt, was Alan gesehen hatte und zu tun gedachte. Und sie hatten eiskalt zugeschlagen, um ein erkanntes Risiko auszuschalten.

»Es war kein Unfall, nicht wahr?«

Mary starrte ihn an.

»Unfall?« wiederholte Roskill tonlos.

»Ich bin nicht blind, Hugh. Du bist eben ganz blaß geworden, als habe dir jemand dein Todesurteil vorgelesen. Aber es war Alans, nicht wahr?« Als Roskill nicht antwortete, fügte sie hinzu: »Hugh, ich weiß recht gut, daß Alan irgendwo beim Geheimdienst gearbeitet hat. Er hat nie über seine Arbeit gesprochen, obwohl er mir sonst immer alles erzählt hat. Aber ich habe nicht gewußt, daß seine Arbeit gefährlich war.« Sie warf Roskill einen bittenden Blick zu. »Ich verstehe, daß du mir nicht sagen darfst, warum. Aber du könntest mir wenigstens sagen, wie er gestorben ist.«

»Ist das denn wichtig, Mary?« Er gab sich einen Ruck. »Nein, es war kein Unfall. Es hat wie ein Unfall ausgesehen, aber es war keiner. Und ich glaube nicht, daß das etwas mit seinem Job zu tun hatte, Mary. Seine Arbeit war nicht übermäßig gefährlich. Aber er hat etwas gesehen oder gehört, während er hier Urlaub machte, und ist ermordet worden, bevor er sein Wissen weitergeben konnte. Und er hat nichts gespürt, das verspreche ich dir.«

Mary schwieg einen Augenblick. »Danke, Hugh«, sagte sie dann leise. »Das erfährt niemand – nicht einmal Betty.« Sie holte tief Luft. »Und jetzt kannst du deine Fragen stellen. Du willst natürlich wissen, was Alan während seines Urlaubs getan hat.«

»Ich glaube, daß nur der Dienstagmorgen wichtig ist – der Tag, an dem er abgereist ist. Er hatte es sehr eilig, stimmt's?«

»Schrecklich eilig«, bestätigte Mary. »Er wollte nach dem Mittagessen abfahren, aber als er vom Beacon Hill zurückgekommen ist, hatte er sich die Sache anders überlegt.«

»Er hat einen Spaziergang über den Beacon gemacht?«

»Er ist mit Sammy hinaufgeritten – mit Pennys Pferd. Sammy gehört zur Hälfte ihm ... hat ihm gehört, meine ich.

Alan ist jeden Morgen mit ihm ausgeritten. Ich habe ihn durchs Glas beobachtet, wenn er ganz oben auf dem Hügel war.«

»Und du hast ihn auch am Dienstagmorgen beobachtet?«

Sie schüttelte traurig den Kopf. »Nein, Hugh, nicht an diesem Morgen. Der Dienstag war ein schlimmer Tag für mich, weißt du. Ich versuche, möglichst ohne die Tabletten auszukommen, die der Arzt mir verschreibt. Sie machen mich schwindelig, und ich will sie mir für Tage aufsparen, an denen ich sie wirklich brauche. Aber am Dienstag morgen mußte ich eine nehmen und war danach zu nichts mehr imstande. Tut mir leid, Hugh.«

Roskill konnte seine Enttäuschung nicht verbergen. Dieser Tag war wirklich ein schwarzer Dienstag gewesen – nicht nur weil Alan im fatalsten Augenblick auf den Beacon geritten war, sondern weil auch zwei Chancen, nachträglich zu erfahren, was er gesehen hatte, vertan worden waren.

»Aber du hast ihn gesehen, als er zurückgekommen ist?«

»Nur sehr kurz. Ich hatte mich hingelegt, und er war bloß hier, um sich die Briefmarke zu leihen und sich zu verabschieden. Er war immer sehr rücksichtsvoll, wenn ich einen schlimmen Tag hatte, und ich bin dann auch keine sehr gute Gesprächspartnerin.«

»Hat er irgend etwas gesagt?«

»Nur, daß er an dich schreiben wollte. Er war aufgeregt, Hugh – aber durchaus nicht ängstlich. Ich weiß noch, daß ich ihn gefragt habe, ob er nicht zum Mittagessen bleiben wolle. Aber er hat gesagt: ›Je früher ich fahre, desto besser . . .‹«

Alan war wie Harry ehrgeizig gewesen. Und wenn er die Bedeutung des Gesehenen erfaßt hatte, mußte er geahnt haben, daß er dadurch gefährdet war. Das konnte seinen Brief, den er Penelope übergeben hatte, und seine überstürzte Abreise erklären. Vielleicht hatte er aus diesem Grund auch darauf verzichtet, seine neue Adresse zu hinterlassen.

Aber das alles war nichts Neues. Roskill wußte jetzt nur, daß Alan etwas auf dem Beacon Hill gesehen haben mußte – und daß dieses Geheimnis sich vermutlich nur aufklären ließ, wenn Penelope den Südländer, der den Brief mitgenommen hatte, identifizieren konnte.

Er starrte das große Marineglas auf dem Tischchen am Fenster an, als könnte er dadurch die Uhr zurückdrehen und auf irgendeine geheimnisvolle Weise erfahren, was vor vier Tagen zweihundert Meter über ihm auf dem Hügel geschehen war.

»Nein, geh nicht ans Fenster, Hugh!« warnte ihn Mary, als er einen Schritt vortrat. »Dort oben ist jemand.«

Roskill blieb stehen. Mary rollte ihren Stuhl ans Fenster. Sie kam mit dem Marineglas in der Hand zurück.

»Hier, überzeug dich selbst«, forderte sie ihn auf. Nachdem Roskill das Glas an die Augen gesetzt hatte, fuhr sie hastig fort: »Am besten fängst du beim alten Turm an – den Horizont entlang nach rechts bis zur ersten Senke – über die kleine Spitze nach oben – dort bei den Grasbüscheln. Siehst du etwas?«

Als Feuerbefehl ließen ihre Anweisungen einiges zu wünschen übrig: Die ganze Hügelkante bestand aus Senken und Spitzen, die aus Roskills Blickwinkel teilweise kaum zu erkennen waren. Mary kannte den Hügel natürlich viel besser und konnte ...

Aber dort oben zwischen den Grasbüscheln war wirklich etwas! Und nicht etwas, sondern jemand.

»Siehst du ihn? Jagdmütze und Fernglas. Ich habe ihn schon vor einer Stunde entdeckt – gleich nach dem Frühstück. Er hat sich verraten, als sein Glas glitzerte. Ich dachte, er sei ein Vogelbeobachter.«

Ein Vogelliebhaber? Nun, dort oben gab es allerdings genügend Vögel ...

»Und ich habe mir überlegt, daß er ein dummer Vogelbeobachter wäre.«

»Dumm?« Roskill setzte das Glas ab.

»Von dort oben aus ist nicht viel zu sehen. Der Hügel fällt vor ihm zu steil ab. Außerdem würde ich als Vogelfreund nicht gerade auf den Beacon Hill gehen. Dort laufen zu viele Leute herum, die einem den Spaß verderben können.«

Roskill sah wieder hinauf. Jagdmütze, Fernglas und dunkle Jacke.

»Glaubst du, daß er uns beobachtet?« fragte er Mary.

»Ich dachte, er wollte dieses Haus beobachten, aber das ist mir vor einer Stunde natürlich unsinnig vorgekommen, weil ich keinen Grund dafür wußte. Aber jetzt...« Sie machte eine Pause. »Ich weiß nicht, was ich davon halten soll.«

Roskill war auf der Fahrt nicht beschattet worden – er hatte sich absichtlich einen MG gemietet. Folglich mußte der Spion auf dem Hügel etwas mit Alans Tod zu tun haben; Hassan mußte ihn geschickt haben.

Er starrte sehnsüchtig zu der verschwommenen Gestalt hinauf. Sie war nahe und doch so fern, so unerreichbar fern! Der Mann hielt den höchsten Punkt in weitem Umkreis besetzt und hatte mindestens drei Fluchtwege zur Auswahl. Er sah jeden, der sich ihm näherte, und konnte bleiben oder verschwinden.

Roskill schüttelte resigniert den Kopf. Auch wenn er Zeit genug gehabt hätte, Verstärkung anzufordern, hätte ihm das nichts genützt: Sein Ausflug nach East Firle war völlig inoffiziell.

»Du möchtest wissen, wer das ist, nicht wahr, Hugh? Du möchtest herausbekommen, ob er wirklich ein Vogelbeobachter ist?«

»Dazu müßte ich schon ein Vögelein sein.«

»Nicht unbedingt«, behauptete sie ernsthaft.

»Wie soll ich das anstellen, Mary?«

»Du nimmst den geradesten Weg, den Alan immer benutzt hat.«

Den Alan benutzt hat?

»Komm her, Hugh, stell dich hier neben mich ... Der Mann dort oben bildet sich ein, alles überblicken zu können, aber das ist nicht wahr – er sieht nicht einmal das, was vor seiner eigenen Nase liegt. Paß auf ... Du verläßt das Haus durch die Hintertür, gehst am Stall vorbei und bleibst unter den Bäumen. Dann kommt die Hecke. Sie ist so dicht, daß dich dahinter niemand sieht. Danach durchquerst du das Wäldchen und bist genau *hier*.«

Mary deutete auf eine Stelle am Fuß des Hügels.

»Dort kann er dich bereits nicht mehr sehen, weil der Hügel zu steil abfällt. An dieser Stelle führt ein Weg nach oben – Alan hat ihn immer benutzt und Sammy auf dem steilsten Stück geführt. Siehst du, wo du dann herauskommst? Keine fünfzig Meter von dem Mann entfernt!«

Sie hatte recht. Aber Roskill freute sich nicht auf diese letzten Meter, wenn der Vogelbeobachter nicht wirklich die Vögel beobachtete. Der andere würde überrascht werden und konnte glauben, sich energisch wehren zu müssen.

Mary beobachtete Roskill jedoch so gespannt, daß er nicht zugeben wollte, kalte Füße bekommen zu haben.

»Glaubst du, daß das ginge?« fragte sie hoffnungsvoll.

»Natürlich – bis zu den letzten hundert oder fünfzig Metern. Und dann müßte er mich sehen.« Roskill schüttelte den Kopf. »Ich will ihn nicht vertreiben oder ihm Angst einjagen – ich will ihn mir nur ansehen.«

»Und er würde dich erkennen?«

»Ja, das fürchte ich eben.«

Tatsächlich war er viel zu auffällig, wenn er mit Bart und grauem Anzug über die Hügel marschierte. Die anderen hatten ihn bei dem Vortragsabend erkannt und seine Beschreibung bestimmt längst weitergegeben. Und der Vogelbeobachter mußte ihn identifiziert haben, als er aus dem Auto gestiegen und zur Haustür gegangen war.

Mary seufzte. »Du hast natürlich recht, Hugh. Ich bin nur eine harmlose alte Frau, die zuviel fernsieht. Von diesem Stuhl aus erscheint mir alles zu leicht oder zu schwierig. Der Mann ist vielleicht doch nur ein Vogelbeobachter.«

Ihre verständnisvolle Art machte alles nur noch schlimmer. Roskill warf einen Blick in den alten Spiegel hinter Mary und rieb sich den Bart. Je früher er ihn loswurde, um so besser ... Er starrte sein Spiegelbild an. Richtig, das mit dem Bart und dem Anzug ließ sich doch ändern!

»Mary, weißt du, ob noch ein Rasierapparat im Haus ist?«

Sie warf ihm einen überraschten Blick zu. »Charlies altes Rasiermesser müßte noch im Bad liegen, aber ...«

»Und ein paar alte Sachen von Alan? Und ein Rucksack oder dergleichen?«

Aber Mary war ihm bereits voraus. »Und Charlies alter Hut und eine Brille mit Fensterglas.« Sie holte tief Luft. »Aber laß den Rucksack hier, Hugh. Nimm lieber Sammy!«

Roskill zog die Augenbrauen hoch.

»Das Pferd, Hugh – kein Mensch achtet auf einen Reiter, der dort oben unterwegs ist. Heute morgen sind schon einmal Reiter ganz dicht an ihm vorbeigekommen.«

Er runzelte zweifelnd die Stirn. Er hatte seit Jahren nicht mehr im Sattel gesessen. Aber wenn er obenbleiben konnte, verdoppelte er seine Beweglichkeit, ganz zu schweigen von seiner Glaubwürdigkeit ...

»Ich bin kein Klassereiter, Mary.«

»Sammy ist auch kein Klassepferd.«

Roskill nickte zögernd. »Gut, ich probier's, Mary«, antwortete er.

11

Fünfundzwanzig Minuten später war er nicht mehr davon überzeugt, daß die Sache mit dem Pferd eigentlich eine großartige Idee sei. Sammy, der große braune Wallach, ließ sich nur widerstrebend den schmalen Weg hinaufziehen, den er längst hätte kennen müssen. Immerhin hatte Mary wenigstens in einem anderen Punkt recht behalten: Der Weg war von oben aus nicht einzusehen. Und auf diese Weise mußte Alan sich sein eigenes Grab geschaufelt haben – er war wie jeden Morgen zum Beacon Hill hinaufgeritten, hatte dort jemanden überrascht und war als Augenzeuge beseitigt worden. Bei diesem Gedanken lief Roskill ein kalter Schauer über den Rücken.

Roskill hatte das letzte Steilstück hinter sich und blieb aufatmend stehen. Er sah sich nach dem Haus um, von dem aus Mary jeden seiner Schritte beobachtete. Weit dahinter raste ein elektrischer Zug nach Eastbourne, und über der ganzen Miniaturlandschaft zogen dunkle Regenwolken auf.

Der Regen war noch acht, zehn Kilometer entfernt – und wie schnell zogen Regenwolken auf? Er überlegte, was er tun sollte. Er konnte hier auf den Regen warten und ihn ausnützen, um die letzten hundert Meter zu überwinden, oder er konnte weiterreiten, sobald ihm Mary das Zeichen gab.

Er sah wieder zum Haus hinunter und erkannte ein weißes Handtuch auf Marys Fensterbrett: das Signal, daß der Unbekannte weiterhin an seinem Platz war. Warten oder weiterreiten? Roskill merkte plötzlich, daß seine Angst wuchs, und erkannte, daß sie weiter zunehmen würde, je länger er wartete. Er gab sich einen Ruck, trieb Sammy an und verließ die schützende Deckung. Der Wallach verfiel von selbst in Trab, so daß Roskill Mühe hatte, sich im Sattel zu halten. Aber zum Glück stimmte die Richtung: Sie kamen keine zehn Meter von dem Vogelbeobachter entfernt vorbei.

Jack Butler!

Er riß an den Zügeln, um das Pferd zum Stehen zu bringen, aber Sammy trabte noch fünfzig Meter weiter. Roskill drehte um und kam im Schritt zurück. Butler lag inzwischen nicht mehr im Gras, sondern hatte sich aufgesetzt. Der Wind spielte mit den Blättern seines Notizbuches neben ihm.

Butler!

Aber wenn Jack hier oben postiert war, um das Haus zu beobachten – welche Chancen hatte dann Audleys Plan, Llewelyn zu blamieren? Verdammt noch mal, es sah eher so aus, als sei Llewelyn dabei, sie zu blamieren!

Roskill rang sich ein Grinsen ab, als er Butler erreichte. »Hallo, Jack!« rief er scheinbar unbekümmert. »Schon ein paar interessante Vögel gesehen?«

Butler verstand wahrscheinlich soviel von Vögeln wie er von Meerwasserentsalzung.

»Einen verrückteren Vogel als Sie bekomme ich heute bestimmt nicht zu sehen.« Butler stand langsam auf. »Wo, zum Teufel, kommen Sie her, Hugh? Und in diesem Aufzug?«

Roskill fiel erst jetzt ein, daß er noch die Fensterglasbrille und einen zerdrückten alten Hut trug. Aber er widerstand der Versuchung, beides abzunehmen, weil er dadurch zugegeben hätte, daß er wußte, wie komisch er aussah.

Allerdings grinste Butler auch keineswegs, sondern machte ein todernstes Gesicht.

»Sie erwarten doch nicht etwa, daß ich in meinem besten Anzug ausreite?« erkundigte sich Roskill.

»Ich habe überhaupt nicht erwartet, daß Sie ausreiten würden. Was tun Sie hier oben?«

»Die gleiche Frage wollte ich eben Ihnen stellen. Hat Fred kein Vertrauen mehr zu mir? Oder gibt Llewelyn neuerdings die Einsatzbefehle?«

Butler nahm seine Mütze ab und fuhr sich mit der Hand durch das rotbraune Haar.

Dann sah er böse zu Roskill auf.

»Keiner von beiden weiß, daß ich hier bin. Und ich wäre nicht hier, wenn ich kein Dummkopf wäre.« Er schüttelte erbittert den Kopf. »Aber mir war klar, daß Sie und Audley etwas ausgeheckt hatten, und ich fürchte, daß Sie noch größere Dummköpfe sind als ich.«

Roskill grinste humorlos. »Lieber Freund, letzte Nacht hat irgendein Witzbold meinen Wagen sabotiert. Mir braucht niemand zu erklären, was das bedeutet. Glauben Sie, daß ich vergessen habe, was Alan zugestoßen ist?«

»Ich halte es für eine große Dummheit, daß Sie Ihr Unternehmen für sich behalten – Sie und Audley«, sagte Butler scharf.

»Vielleicht war es dumm. Aber Sie scheinen auch niemanden eingeweiht zu haben.«

»Ich habe zugegeben, daß ich ein Dummkopf bin. Aber ich habe offiziell gar nichts mit der Sache zu tun – ich sollte nur dafür sorgen, daß Sie und Audley zu der gestrigen Besprechung erschienen.«

»Was tun Sie dann in East Firle?«

»David Audleys Hinweis bei der Besprechung war deutlich genug, nicht wahr?« Butler lächelte verächtlich. »Und ich weiß noch, wie schweigsam Sie geworden sind, als ich Ihnen von Maitland erzählt habe.«

»Sie haben also auf eigene Faust Nachforschungen angestellt?«

Butler nickte. Er arbeitete nicht schnell, aber sehr, sehr gründlich. Er hatte bestimmt nichts übersehen.

»Aber das erklärt noch immer nicht, warum Sie hier sind, Jack.«

»Um Ihnen ein paar nützliche Lehren zu erteilen, mein Junge. Wissen Sie überhaupt, worauf Sie sich eingelassen haben?

Wenn Sie von Ihrem hohen Roß heruntersteigen, kann ich Ihnen vielleicht etwas Interessantes erzählen.«

Roskill kletterte wenig elegant aus dem Sattel. »Aber beeilen Sie sich, Jack«, forderte er Butler auf und zeigte auf die näherkommende Regenfront. »Sonst bekommen wir beide eine Dusche ab.«

Butler sah sich kurz um, bevor er zu sprechen begann; er ignorierte die Regenwolken jedoch.

»Ich weiß nicht, warum ich gestern auch ins Queensway kommen sollte, Hugh. Wahrscheinlich sollte meine Anwesenheit Sie beruhigen, nachdem ich Sie dort hingelotst hatte.« Butler entschuldigte sich keineswegs, er stellte nur Tatsachen fest. »Aber ich war etwas früher als vereinbart da – und habe ein bißchen an der Tür gehorcht! Llewelyn und Stocker haben darüber diskutiert, wie entbehrlich Sie sind. Der Waliser hat gesagt, Audley dürfe nicht aufs Spiel gesetzt werden, aber bei Ihnen sei das etwas anderes. Stocker hat geantwortet, Sie gehören zu Freds Kindergarten und der Alte werde Krach schlagen, wenn Ihnen etwas zustoße.«

Butler hatte ein gutes Gedächtnis. Wenn er ›entbehrlich‹ sagte, hatte Llewelyn diesen Ausdruck wirklich gebraucht. Die Kerle hatten über ihn gesprochen, als sei er nur ein teurer Ausrüstungsgegenstand!

»Und Llewelyn hat den Mann von der Sonderabteilung gefragt, wie er das Risiko einschätze...«

»Wie hat er es eingeschätzt?«

»Er hat gesagt, wenn Audly erwartungsgemäß reagiere, werde er bald das richtige Loch finden und Sie wie ein Frettchen hineinschicken. Allerdings seien Sie kein ausgebildetes Frettchen – und Hassan kein Kaninchen.«

»Jetzt bin ich also schon ein unausgebildetes Frettchen!«

Butler schüttelte betrübt den Kopf. »Sie sind ein kluger Junge, Hugh – solange es um Ihre Waffensysteme geht. Aber diesmal werden Sie für etwas anderes eingesetzt... Ich sage Ihnen, Llewelyn und Stocker warten nur darauf, daß Audley und Sie ins Wespennest stechen. Und wie ich Sie kenne, werden Sie genau das tun!«

»Bisher habe ich noch nicht allzuviel getan, Jack«, widersprach Roskill gelassen.

»Aber immerhin so viel, daß jemand Ihren Wagen sabotiert hat!«

Roskill warf ihm einen prüfenden Blick zu. »Was hat das alles mit Ihrer plötzlichen Verwandlung in einen Vogelfreund zu tun?«

»Mir war klar, daß Sie früher oder später hier aufkreuzen würden, sobald Sie von Jenkins erfahren hatten.«

»Aber warum, Jack? Was ich tue, geht Sie nichts mehr an – Sie sollten zu Hause bei Ihren Töchtern sein.«

Butler starrte ihn unwillig an. »Richtig, aber jemand muß Ihnen den Rücken decken. Und ich bin dagegen, daß ein Mann losgeschickt wird, ohne daß er weiß, was ihm bevorsteht.« Er machte eine abwehrende Handbewegung, als Roskill etwas sagen wollte. »Außerdem kann ich in meiner Freizeit Vögel beobachten, wo ich will, und...«

Er sprach nicht weiter, sondern sah an Roskill vorbei ins Tal, als habe er dort unten etwas Interessantes entdeckt.

»Ein blau-weißer Cambridge neben Ihrem Leihwagen. Ist das nicht...?«

»Mit Spiegeln auf beiden Kotflügeln?« unterbrach ihn Roskill. »Und die Stoßstange ist vorn rechts eingedrückt?«

Butler hob sein Fernglas an die Augen.

»Richtig! Das ist Audleys Wagen, stimmt's?« Er drehte sich nach Roskill um. »Haben Sie damit gerechnet, daß er hierherkommen würde?«

Sie wußten beide recht gut, daß Audley sein Haus oder sein Büro nur höchst ungern verließ. Und in diesem Fall hatte Audley sogar selbst den Grund genannt, der dagegen sprach: Wenn er hier gesehen wurde, konnte ihr Spiel aus sein.

»Wenn er selbst herkommt, muß es sich um einen Notfall handeln, Jack.«

»Richtig. Oder er ist nicht so begriffsstutzig wie Sie.«

»Die Sache ist noch einfacher«, sagte Roskill. »Bevor ich losgefahren bin, habe ich bei ihm angerufen – er war nicht da, und ich habe Faith gebeten, ihm etwas auszurichten.«

»Was denn?«

Roskill spürte den ersten Regentropfen auf der Backe. Er wischte ihn weg.

»Sie sollte ihn fragen, was ›Alamut‹ bedeutet.«

12

»Jake hat recht«, sagte Audley. »Ich weiß vermutlich mehr über Alamut als er. Aber die Alamut-Liste ist etwas ganz anderes.«

Roskill warf Mary einen zweifelnden Blick zu. Typisch David, daß er vor Zivilisten angab, ohne sich um die Sicherheitsvorschriften zu kümmern. Oder konnte er nichts dafür, weil Marys Charme ihn bereits gefesselt hatte?

Audley sah seinen Blick und winkte gelassen ab.

»Miss Hunter und ich haben uns bereits unterhalten, Hugh – Sie haben ihr schon genug erzählt, um uns zu ruinieren, verdammt noch mal!«

Butler schnaubte mißbilligend. »Wer ist er also?« erkundigte er sich. »Hassan?«

Audley schüttelte den Kopf. »Alles der Reihe nach, Butler. Ich möchte erst hören, wie Hugh auf ihn gestoßen ist.«

Die anderen schwiegen, während Roskill die Ereignisse des

vergangenen Abends schilderte. Als er fertig war, nickte Audley weise. Mary starrte Roskill so bewundernd an, daß er sich wie ein Scharlatan vorkam, weil er in einigen Punkten bewußt etwas von der Wahrheit abgewichen war.

»Die Ryle-Stiftung ist also Hassans Tarnorganisation?« fragte Butler.

»Das halte ich für sehr wahrscheinlich. Aber nicht nur eine Tarnung, sondern eine für seine Zwecke maßgeschneiderte Organisation.«

»Und wir wissen nicht, was er hier vorhat«, knurrte Butler. »Wir wissen nur, daß er vor keinem Mord zurückschreckt, um sein Geheimnis zu wahren. Und er leistet gute Arbeit!«

»Nicht immer«, widersprach Audley. »Zum Beispiel nicht an Ihrem Wagen, stimmt's, Hugh?«

»Ich weiß nicht recht, was ich von der Sache mit meinem Wagen halten soll«, gab Roskill zu. »Wie Sie wissen, haben unsere Techniker darin keinen Sprengsatz gefunden – aber die Spurstangen waren angefeilt. Das kann ein Täuschungsmanöver gewesen sein. Die Techniker suchen weiter, aber mir kommt das Ganze eigenartig vor.«

Er brauchte nicht deutlicher zu werden. Täuschungsmanöver konnten auch das Werk von Freunden sein, die ihn ablenken wollten. Das war besonders Audleys Methode . . .

»Und dann ist mir etwas anderes eingefallen«, fuhr Roskill fort, während er Audley beobachtete. »Wenn Hassan mich außer Gefecht setzen wollte, hätte er mit wirksameren Tricks gearbeitet. Hätte er mich jedoch nur beschatten wollen, hätte er sich selbst diese Mühe sparen können. Er ist einfach nicht der richtige Mann für diese Sache.«

Audley zog die Augenbrauen hoch. »Razzak?«

Roskill nickte. »Ich habe das Gefühl, daß er mich kennenlernen wollte. Und ich sollte ihn für einen Freund halten.«

»Eine verdammt riskante Masche«, wandte Butler ein. »Sie hätten sich dabei ebensogut den Hals brechen können.«

»Ich glaube nicht, daß er mich hätte abfahren lassen, Jack. Sein Mercedes muß irgendwo bereitgestanden haben. Ich bin davon überzeugt, daß er ganz in der Nähe auf mich gewartet hat.«

»Zweifelhaft, Hugh«, sagte Audley. »Ich stimme mit Butler überein. Warum hätte er sich die Mühe mit dem Wagen machen sollen?«

»Weil...« Roskill schüttelte hilflos den Kopf. »Hören Sie zu, David – ich weiß, daß Razzak ein toller Bursche ist, aber er ist auch verdächtig. Wir wissen ziemlich sicher, daß er hier in Firle war. Er kann den Auftrag gegeben haben, Alans Wagen zu verminen, und wollte vielleicht aus diesem Grund unter vier Augen mit mir reden.«

»Warum?«

»Wegen Alans Brief an mich.«

»Und Ihr Erscheinen bei dem Vortragsabend hätte ihn irritiert?« Audley lächelte gönnerhaft. »Ja, eine hübsche kleine Theorie.«

»Nicht nur das, David. Razzak hat sich gestern zuviel Mühe gegeben, mich auf Hassans Spur zu setzen – er hat sogar versucht, Shapiro zu entlasten. Deshalb frage ich mich, ob Hassan nicht nur ein passender Prügelknabe ist und ob meine Spurstangen angefeilt worden sind, weil ich glauben sollte, Hassan sei auf Autos spezialisiert.«

»Hmm, das mit dem Wagen könnte stimmen«, gab Audley zu. »Aber der Rest... Shapiro hat nichts von Ihrer Theorie gehalten, nehme ich an?«

»Angesichts der bevorstehenden Verhandlungen will keiner den anderen in Schwierigkeiten bringen.«

»Natürlich nicht«, stimmte Audley zu. »Leider stecken beide bereits darin.«

»Aber...«

»Keine Widerrede, Hugh.« Audley sah ihn über seine Brille hinweg an. »Sie haben gestern abend viel über die beiden erfahren – aber etwas Wichtiges hat man Ihnen vorenthalten. Jake Shapiro hat Razzak damals gerettet, als der Ägypter verwundet in israelische Gefangenschaft geraten war. Bluttransfusionen, Operation im Feldlazarett, Hubschraubertransport und so weiter. Ohne Jake wäre Razzak in der Wüste gestorben. Aber Jake hat das alles bestimmt nicht aus reiner Menschenfreundlichkeit getan, Hugh. Ich glaube eher, daß er sich für die Zukunft einen Verbindungsmann sichern wollte.«

Audley machte eine Pause, trat ans Fenster und starrte nachdenklich hinaus. Dann drehte er sich langsam um.

»Sie können sich darauf verlassen, daß Hassan hier ist – oder seine Leute. Aber wir haben uns in einer Beziehung geirrt: Razzak hat sich dort oben auf dem Hügel nicht mit Hassans Leuten getroffen – sondern mit Jake Shapiro.«

Razzak und Shapiro! Roskill ärgerte sich über seine eigene Begriffsstutzigkeit. Die Erklärung war so einfach, daß er sie übersehen hatte!

»Aber das ändert nichts, David«, wandte er ein. »Wenn Alan die beiden zusammen gesehen hat...«

»Hugh!« Audley hob abwehrend die Hand. »Überlegen Sie doch selbst, was dann gewesen wäre. Nehmen wir einmal an, Alan hätte die beiden dort oben gesehen. Das wäre längst kein Grund gewesen, ihn zu ermorden.«

»Was wäre sonst einer gewesen?«

Audley zuckte mit den Schultern. »Ich kann nur Vermutungen anstellen, Hugh. Anscheinend haben sich die beiden hier getroffen, um vor ungebetenen Zuschauern sicher zu sein. Falls jemand sie trotzdem beschattet hätte – und wenn Alan den Betreffenden erkannt hätte...«

»Sie meinen einen von Hassans Leuten?« warf Butler ein.

»Falls sie sich entdeckt glaubten, war Alan in Lebensgefahr«, stimmte Audley nüchtern zu. »Aber ich glaube, daß er gestorben ist, weil sich Hassans Männer am besten auf Morde verstehen. Das ist schließlich ihr Job.«

»Ihr Job?« fragte Roskill.

»Ich habe die halbe Nacht lang darüber nachgedacht.« Audley lächelte vor sich hin. »Ich war schon auf dem richtigen Weg, als Faith mir ausgerichtet hat, was Sie gesagt hatten, Hugh. Die Alamut-Liste war ein wichtiger Tip.« Er machte eine Pause. »Dieser Hassan ist eine geheimnisvolle Gestalt. Er hat sich nie mit Terroranschlägen gebrüstet. Manchmal könnte man fast glauben, er existiere gar nicht.«

»Aber Razzak hatte Angst vor ihm – und Shapiro ebenfalls«, warf Roskill ein.

»Llewelyn auch«, ergänzte Audley. »Aber er war nicht überrascht, das ist mir aufgefallen. Und Cox hat sofort auf Hassan getippt, als davon gesprochen wurde, wer für den Anschlag auf Llewelyn in Frage komme. Razzak hat ähnlich reagiert.

»Und was ist die Alamut-Liste?« erkundigte sich Roskill.

»Die Alamut-Liste macht den Unterschied zwischen Hassan und allen übrigen Guerillaführern aus«, antwortete Audley. »Sein Fachgebiet ist der politische Mord, das verrät schon dieser Name. Alamut hieß eine Burg im nordiranischen Elburs, wo die Sekte der Assassinen im elften Jahrhundert entstanden ist. Die Bezeichnung Alamut-Liste läßt auf sorgfältig geplante politische Morde schließen – die Beseitigung von unbequemen Tauben im Auftrag ungeduldiger Falken.«

»Das sind verdammt kühne Schlußfolgerungen, wenn sich alles nur auf einen Namen stützt«, wandte Butler ein. »Ich gebe zu, daß die Betroffenen Angst haben. Das spürt man deutlich. Aber wenn Sie recht haben, ist es unverantwortlich von Llewelyn und Stocker, Sie einfach loszuschicken, ohne Sie genau über die Gefahren zu informieren.«

»Ich bin da anderer Meinung, Major Butler«, sagte Audley ruhig. »Meiner Überzeugung nach hat der Name die Angst bestätigt, und die Angst hat zu bestimmten Maßnahmen geführt. Ich habe Hugh schon gestern erklärt, Llewelyn wisse vermutlich mehr, als er preisgebe. Ich glaube, daß er meint, einen Spitzenplatz auf der Alamut-Liste einzunehmen, die er bestimmt kennt.«

»Warum hat er Sie dann nicht eingehender informiert?«

»Hmmm, darüber ließen sich interessante Vermutungen anstellen.« Audley lächelte boshaft. »Ich weiß natürlich nicht, ob Hassan ein guter Assassine ist, aber er ist jedenfalls ein guter Propagandist.«

»Ein Propagandist?«

»Richtig. Er hat noch nicht viel getan, aber die wichtigen Leute sind bereits informiert. Er benutzt diese Angst als Fünfte Kolonne, bis es eines Tages soweit ist, daß jeder Tod auf sein Konto geht. Ohne daß er etwas dazu getan hätte.«

Roskill nickte langsam. »Die anderen glauben also, uns stehe ein Massaker bevor«, stellte er fest. »Aber wir wissen, daß das nicht stimmt, weil nicht Llewelyn, sondern Alan ermordet werden sollte.«

»Aber Razzak und Shapiro haben sich hier getroffen, Hugh. Und da Friedensverhandlungen bevorstehen, muß Hassan die Initiative ergreifen. Ob es wirklich zum Friedensschluß kommt, ist nach wie vor unsicher, aber wenn Hassan seinen Ruf untermauern will, wartet er das Ergebnis bestimmt nicht erst ab.«

Eine Kette von Indizienbeweisen, nicht mehr. Aber Razzak und Shapiro waren intelligent genug, um nicht auf bloßen Verdacht hin ängstlich zu sein, und Llewelyn war ebenfalls kein Dummkopf. Und obwohl Audley nicht mehr so gut wie früher über den Stand der Dinge im Nahen Osten informiert war, besaß er einen unfehlbaren Instinkt für Realitäten.

»Aber was ich nicht verstehe . . .« Butler runzelte die Stirn.

»Politische Morde sind doch nichts Neues – weder im Nahen Osten noch anderswo.«

»Richtig«, stimmte Audley zu, »aber wenn ich die Bedeutung des Namens Alamut nicht mißverstanden habe, heißt das, daß Hassan eine ganz neuartige Organisation aufgezogen hat. Die Konkurrenzgruppen haben wesentlich weiter gesteckte Ziele . . .« Audley schüttelte seufzend den Kopf. »Das ist blanker Wahnsinn, aber er findet bestimmt genug Freiwillige.«

»Das bedeutet, daß wir rasch und hart zurückschlagen müssen«, stellte Butler fest. »Es hat keinen Zweck, hier zu hocken und über Hassans Alamut-Liste zu jammern. Wenn wir darauf warten, daß seine Leute losschlagen, haben wir schon die halbe Schlacht verloren!«

»Langsam, Jack«, mahnte Roskill. Er sah Butler als Kreuzfahrer vor sich, der mit dem Schwert in der Hand gegen eine Horde kreischender Araber ankämpfte. »Gegen wen sollen wir losschlagen, um Gottes willen? Wir wissen nicht einmal, wer diese Leute sind!«

»Das Mädchen dort draußen hat einen von ihnen gesehen«, antwortete Butler. »Mit dem können wir anfangen, und der Teufel soll die Samthandschuhe holen. Danach knöpfen wir uns die Ryle-Stiftung vor und nehmen mit den arabischen Regierungen Kontakt auf. Wenn Audley recht hat, müssen sie diesmal in eigenem Interesse mitmachen. Die Sache muß in Bewegung kommen! Ich weiß nicht, was Sie und Audley vorgehabt haben, aber Sie sitzen beide auf einem Pulverfaß, das jeden Augenblick mit Ihnen in die Luft fliegen kann!«

»Ja, natürlich.« Aber Audley machte das ausdruckslose Gesicht, das Roskill so gut kannte: Falls Butlers Argumente ihn beeindruckt hatten, gab es offenbar stärkere, die ihn in entgegengesetzte Richtung zogen. »Und was halten Sie davon, Miss Hunter?«

Butler biß die Zähne zusammen, als er hörte, daß sich Audley an Mary wandte, die bisher schweigend in ihrem Rollstuhl gesessen hatte. Aber er beherrschte sich und hielt den Mund. Trotzdem merkte sie, was in ihm vorging.

»Ich glaube eigentlich nicht, daß ich genug weiß, um mich dazu zu äußern«, sagte sie schüchtern, beschwichtigte damit Butler und beobachtete Audley.

Roskill merkte, daß es Audley zumindest diesmal nicht darauf angekommen war, Butler zu ärgern. Er legte tatsächlich Wert auf Marys unvoreingenommene Meinung; er hatte ihre wache Intelligenz erkannt und war entschlossen, sie zu nutzen.

»Ich wüßte trotzdem gern, was Sie davon halten«, antwortete Audley. »Die Zuschauer sehen oft etwas, was den Spielern entgeht.«

Mary betrachtete ihre Hände. Dann hob sie den Kopf und sah Audley ins Gesicht.

»Gut, wie Sie wollen, David. Ich verstehe nicht recht, warum Sie niemandem sagen wollen, was hier passiert ist – in dieser Beziehung stehe ich ganz auf Major Butlers Seite –, aber . . .« Ihre Stimme klang nachdrücklicher. »Aber wenn Ihre Vorgesetzten bereits über Hassan und seine Alamut-Liste informiert sind, brauchen Sie ihnen nicht mehr davon zu erzählen. Sie scheinen etwas von Ihnen zu erwarten, was nur Sie tun oder in Erfahrung bringen können.«

Roskill beobachtete Butler aus dem Augenwinkel. Bravo Mary!

»Ganz recht, Miss Hunter«, sagte Audley aufmunternd. »Ich glaube, sie wollen, daß ich wieder mit Jake Shapiro Verbindung aufnehme. Jake ist erstklassig über Hassan informiert, aber er würde unseren Freund Dai Llewelyn nicht einmal grüßen. Das ist eben der springende Punkt – ich bin unangenehm aufgefallen, weil ich zu gut mit Jake befreundet war. Und solange die Dinge wie jetzt stehen, will man nichts mit dem israelischen Geheimdienst zu tun haben. Aber wenn ich inoffiziell und auf eigene Faust mit Jake Shapiro Verbindung aufnehmen würde ...«

»Und trotzdem kann es nicht um diese Alamut-Liste gehen«, stellte Mary stirnrunzelnd fest.

Audley zog die Augenbrauen hoch. »Warum nicht, Miss Hunter?«

»Nun, wenn ich Sie richtig verstanden habe, enthält die Liste die Namen aller gemäßigten Politiker des Nahen Ostens. Man weiß also bereits, wer auf dieser Liste steht ...« Mary machte eine Pause. »Wissen Sie, ich habe den Eindruck, daß die Israelis echte Tatmenschen sind. Sie tun etwas, sie unternehmen etwas, wo andere Leute noch reden ...«

»Bitte weiter, Miss Hunter.«

»Deshalb würde mich interessieren, was die Israelis gegen Hassan unternehmen wollen«, fuhr Mary fort, »denn sie gehören bestimmt nicht zu denen, die untätig warten, bis er zuschlägt. Und ich glaube ...« Sie starrte Audley an. »Ich glaube, daß sich Colonel Shapiro deshalb mit Colonel Razzak getroffen hat. Oder ist das zu dumm?«

Zu dumm?

Kein Informationsaustausch, keine freundschaftliche Warnung zwischen ehrlichen Feinden, sondern mehr: ein Bündnis! Eine inoffizielle, streng geheime Verabredung auf Zeit. War das überhaupt möglich?

Roskill sah Audley lächeln und wußte, daß er den gleichen Gedanken verfolgt hatte.

»Habe ich jetzt etwas Dummes gesagt?«

»Im Gegenteil, Miss Hunter«, antwortete Audley lachend, »Sie haben gesagt, was ich hören wollte. Hassans Leute haben sich weniger für das Treffen, sondern mehr für das Gesprächsthema interessiert. Und deshalb kommt es Razzak und Jake darauf an, sich uns vom Leib zu halten, denn was sie besprechen, ist höchst explosiv. Da Jake den Eindruck hatte, Sie würden auf keinen Fall aufgeben, Hugh, hat er an mich gedacht.«

»Aber warum an Sie?« warf Jack Butler kleinlaut ein. »Sie haben nichts mehr mit dem Nahen Osten zu tun.«

»Aber ich habe noch Einfluß bei Sir Frederick«, erklärte ihm Audley. »Jake weiß, daß ich notfalls meine Verbindungen ausnützen könnte. Und er hat Vertrauen zu mir, was noch wichtiger ist. Vielleicht hat er schon erraten, daß ich in die Sache verwickelt bin – er weiß, daß Hugh mit mir befreundet ist. Wenn wir annehmen, daß Razzak die Wahrheit gesagt hat, wollen die beiden nur ein paar Tage Ruhe, um . . .«

»Aber sagt Razzak die Wahrheit?« unterbrach ihn Roskill unwillig. »Wir kennen ihn doch gar nicht! Sie wollten sich nach ihm erkundigen, David – ich habe noch nicht einmal seine Personalakte gesehen!«

»Ich habe sie eingesehen«, sagte Butler. »Nichts Aufregendes, Hugh. Zwei Panzerlehrgänge in England – deshalb spricht er so gut Englisch. Seine damaligen Vorgesetzten haben ihn ausgezeichnet beurteilt. Neunzehnhundertvierundsechzig war er in Rußland und hat dort irgend etwas angestellt – er ist jedenfalls vorzeitig nach Hause geschickt worden.«

»Er hat einen russischen Offizier k.o. geschlagen«, warf Audley ein. »Offiziell war es ein fachlicher Streit, aber in Wirklichkeit ging es um ein Mädchen. Seitdem mag er die Russen nicht mehr sehr gern.«

»Seine Beförderungschancen haben dadurch jedenfalls gelitten«, stellte Butler fest. »Mit seinem Dienstalter und seinen Auszeichnungen müßte er längst General sein. Das ist eigentlich alles.«

»Noch etwas«, sagte Audley, »er ist ein Patriot, ein ägyptischer Patriot.«

»Bedeutet das, daß er die Guerillas verabscheut?«

»Er würde sie mögen, wenn es ägyptische Guerillas wären,

Hugh. Aber Palästinenser, Syrer, Engländer und Russen sind alles verdammte Ausländer. Razzak ist mehr Ägypter als Araber, wie Shapiro mehr Israeli als Jude ist. Vielleicht...«

Audley verstummte, als das Telefon neben Mary klingelte. Sie lächelte beruhigend. »Das ist bestimmt nur Penny wegen des Mittagessens. Ja, Penny?«

Aber dann zog sie überrascht die Augenbrauen hoch und bedeckte die Sprechmuschel mit der Hand.

»Schon wieder Besuch – für Sie, David!«

Audley schob die Unterlippe vor. »So früh? Ich hätte gedacht, daß Jake warten würde, bis ich zu ihm komme.«

»Der Besucher ist nicht Colonel Shapiro«, wandte Mary ein. »Es ist der Ägypter – Colonel Razzak.«

»Razzak!« Audley runzelte die Stirn. »Razzak?«

»Er will zu Ihnen? Aber woher hat er gewußt, daß Sie hier sind?« knurrte Butler. »Ich habe darauf geachtet, daß mir niemand nachfährt, und der Fahrer, der Hugh folgen kann, muß geboren werden...«

Er sprach nicht weiter, weil sich seine Frage selbst beantwortete. Mit Audley konnte jeder Schritt halten, er machte sich meistens nicht einmal die Mühe, in den Rückspiegel zu sehen.

»Ihr braucht mich gar nicht so anzustarren«, wehrte Audley ab. »Ich bin eben kein Außendienstmann, der es gewohnt ist, ständig in den Rückspiegel zu sehen. Und außer Faith und Hugh hat niemand...«

»Und Jake, David!« unterbrach ihn Roskill. »Wir brauchen Ihre Theorie über Shapiro und Razzak also nicht mehr zu überprüfen. Sie hat sich selbst bewiesen. Die Frage ist nur, warum Razzak jetzt hier aufkreuzt.«

Audley schüttelte den Kopf. »Nein, die wirkliche Frage ist, warum nicht Jake, sondern Razzak kommt. Verdammt noch mal, ich hatte mit Jake gerechnet!«

»Weiß Razzak genug, um Jenkins' Tod mit Firle in Verbindung zu bringen?« erkundigte sich Butler.

»Worauf wollen Sie hinaus, Jack?«

»Nun, falls er davon weiß, fürchtet er bestimmt, wir könnten versuchen, ihm die Schuld in die Schuhe zu schieben. Allein die Tatsache, daß wir hier sind, bedeutet doch, daß wir viel darüber wissen. Das ist nur logisch.«

»Und deshalb nimmt er jetzt Verbindung mit uns auf?«

»Um uns davon abzuhalten, irgend etwas zu unternehmen«, erwiderte Audley rasch. »Nach allem, was er Ihnen erzählt hat, Hugh, versucht er Zeit zu gewinnen. Er will uns irgendwie hinhalten, bis er und Jake ihr Ziel erreicht haben. Damit gibt er uns ein Druckmittel in die Hand ... Er möchte bitte hereinkommen, Miss Hunter.«

»Ein Druckmittel?«

»Einen Hebel, hätte ich sagen sollen, Miss Hunter. Bei Jake wäre das etwas anderes. Aber Razzak kennt mich nicht und erzählt uns bestimmt nicht mehr als unbedingt notwendig.«

»Aber er will Sie um Hilfe bitten.«

»Er will, daß wir vorläufig nichts tun. Und das ist ein Risiko, das ich nur eingehe, wenn ich alle Gründe genau kenne. Das bedeutet wiederum, daß ich ihm erst einmal Angst einjagen muß.«

»Wie ich ihn kenne, ist das bestimmt nicht leicht«, warnte ihn Roskill. »Er ist nicht der Typ, der leicht Angst bekommt, und wir haben im Grunde genommen nicht viel in der Hand, womit wir ihn erschrecken können.«

»Ich bin wahrscheinlich nur im Wege«, meinte Mary schüchtern. »Vor mir hat er bestimmt keine Angst.«

Audley schüttelte den Kopf. »Das würde ich nicht sagen, Miss Hunter. Wenn ich recht habe, wollte Jake, daß ich eingeschaltet werde, weil ich der gleichen Meinung wie er bin, was den Nahen Osten betrifft. Ich bin eine Taube aus Überzeugung, nicht aus Notwendigkeit.« Er sah von Mary zu Roskill hinüber.

»Aber Sie sind beide anders. Sie haben beide noch eine Rechnung zu begleichen. Das erwartet Razzak zwar nicht, aber er wird es verstehen, wenn er davon hört. Im Koran steht, daß Allah diejenigen belohnen wird, die vergeben – aber dort heißt es auch, daß man keine Schuld auf sich lädt, wenn man getanes Unrecht rächt.«

»Aber, Doktor Audley – David, ich will keine Rache. Dadurch wird Alan nicht wieder lebendig.«

»Hugh ist anderer Meinung, nicht wahr, Hugh?« Audley nickte ihm zu. »Diesmal haben Sie Gelegenheit, Razzak dazu zu zwingen, Ihnen Ihre Rache zu ermöglichen. Keine Angst, ich gebe Ihnen Ihr Stichwort.«

Roskill betrachtete Audley mißtrauisch. Der gerissene Kerl hatte irgend etwas vor; sein Eifer verriet ihn. Aber bisher hatten sie anscheinend das gleiche Ziel ...

Mary schüttelte widerstrebend den Kopf.

»Wir können ihn nicht länger warten lassen, Miss Hunter«, sagte Audley. »Bitten Sie ihn herein – und vertrauen Sie mir!«

13

Razzak wirkte unsicherer als am Abend zuvor, als er an der Tür stand und sie betrachtete. Er wandte sich an Mary.

»Ich störe hoffentlich nicht, Madame?« fragte er und beugte sich über ihre Hand.

»Keineswegs, Colonel Razzak. Sie kommen gerade recht. Wir haben eben von Ihnen gesprochen.«

Wunderbar! dachte Roskill stolz. Das hätte ihr nicht einmal Audley besser soufflieren können.

»Sie sind mir gegenüber im Vorteil, Madame«, stellte Razzak fest. »Sie machen mich nervös.«

»Oh, bestimmt nicht, Colonel. Ich habe vorhin gehört, wie tapfer Sie sind.«

»Madame . . .?« Razzak breitete sprachlos die Hände aus.

»Das hier ist Doktor Audley, den Sie sprechen wollten. Neben ihm sitzt Major Butler – und Hugh kennen Sie schon. Ich bin Mary Hunter . . . Nehmen Sie doch bitte Platz, Colonel.«

Razzak nickte ihnen nacheinander zu, bevor er sich in den angebotenen Sessel sinken ließ.

»Was haben Sie und Jake Shapiro eigentlich vor, Colonel?« erkundigte sich Audley beiläufig. Als Razzak besorgt zu Mary hinübersah, fuhr er fort: »Wegen Miss Hunter brauchen Sie sich keine Sorgen zu machen. Miss Hunter ist an unserem Gesprächsthema interessiert. Und sie ist schon zu sehr eingeweiht, als daß wir noch auf sie verzichten könnten.«

»Zu sehr eingeweiht?« fragte Razzak beherrscht. »Was soll das heißen?«

»Sie weiß, daß Hassan für den Tod ihres Neffen verantwortlich ist, Colonel«, antwortete Audley. »Der Mann, den wir verloren haben, war ihr Neffe, wissen Sie.«

Das war offenbar Roskills Stichwort.

»Und er war mein Freund – mein guter Freund«, sagte Roskill drohend. »Deshalb ist das kein Routinejob für mich, sondern ein persönliches Anliegen.«

»Hugh will damit sagen, daß er im Gegensatz zu gewissen Leuten nicht daran denkt, diplomatische Rücksichten zu nehmen. Er ist entschlossen, den Tod seines Freundes zu rächen. Und ich fühle mich verpflichtet, ihm dabei zu helfen.«

Der Ägypter starrte sie verblüfft an.

»Und was mich betrifft, Colonel«, fuhr Audley fort, »läßt sich die Situation folgendermaßen zusammenfassen: Ich weiß, daß Hassans Anschlag nicht Llewelyn gegolten hat. Ich weiß außerdem, daß Sie sich dort oben auf dem Hügel mit Shapiro getroffen haben. Aber Llewelyn sind diese Tatsachen noch nicht bekannt, weil wir sie ihm bisher verschwiegen haben. Sie müssen uns jetzt davon überzeugen, daß es sich lohnt, noch länger zu schweigen. Das hängt ganz von Ihnen ab.«

»Von mir?« wiederholte Razzak erstaunt. »Mein lieber Doktor Audley, ich bin hergekommen, um Ihnen zu helfen – nicht um mir drohen zu lassen!«

»Um uns zu helfen? So naiv sind wir doch beide nicht, Colonel! Sie sind hier, weil Sie feststellen wollen, wieviel wir wissen, und um durch neue Versprechungen Zeit zu schinden. Aber Versprechungen genügen nicht mehr. Ich will die ganze Story hören.«

»Richtig!« stimmte Roskill aufgebracht zu. »Bilden Sie sich ja nicht ein, daß Sie hier Ihren Privatkrieg führen können, ohne daß wir einen Finger rühren, weil das undiplomatisch sein könnte. Mir persönlich ist es völlig egal, welche diplomatischen Verwicklungen dabei entstehen könnten! Irgendein Schwein hat Alan auf dem Gewissen, und wenn Sie glauben, die Sache einfach unter den Teppich kehren zu können, haben Sie sich gründlich getäuscht!«

»Sehen Sie, so stehen die Dinge, Colonel«, murmelte Audley. Er beugte sich vor. »Glauben Sie mir, ich bin der beste Freund, den Sie und Jake Shapiro haben. Nur ich kann verhindern, daß Sie Schwierigkeiten bekommen. Und Schwierigkeiten können Sie im Augenblick bestimmt nicht brauchen!«

Razzak lächelte ironisch. »Das tun Sie alles nur, weil Jake Ihr alter Freund ist, nicht wahr? Soll ich Ihnen das wirklich glauben?«

Jake – nicht mehr Shapiro, sondern Jake. Das war ein deutlicheres Friedensangebot als alles, was Razzak hätte sagen können. Nun kam es darauf an, das Vertrauen des Ägypters zu gewinnen.

»Nein, das brauchen Sie nicht, Razzak«, antwortete Audley

gelassen. »Aber Sie müssen glauben, daß ich verdammt viel riskiere, wenn ich meine eigenen Leute hinhalte. Sollte das bekannt werden, hebt es meine Beliebtheit bestimmt nicht.«

»Richtig«, gab Razzak zu. »Sehr wahr.«

»Aber hier geht es nicht nur um eine alte Freundschaft. Ich bin zwar nicht mehr auf dem laufenden, Colonel, aber ich kann mir trotzdem vorstellen, in welcher Beziehung sich die Absichten Hassans von denen der Befreiungsbewegung unterscheiden.«

Der Ägypter schwieg.

»Hassan will die Gemäßigten beseitigen, stimmt's? Und die geplanten Friedensverhandlungen drängen ihn zur Eile?«

Ein unbeteiligtes Nicken.

»Aber darum geht es Ihnen nicht einmal, Colonel«, behauptete Audley. »Jedenfalls nicht in erster Linie. Ihnen geht es um Ägypten, nicht um Jordanien, Syrien – oder Israel.« Audley holte tief Luft. »Und wir wissen beide, daß Hassans Plan letzten Endes doch fehlschlagen wird.«

Der Ägypter war jetzt sichtlich interessiert.

»Hassan wird erfolglos bleiben, weil er den langen Weg, den der Nahe Osten noch vor sich hat, abzukürzen versucht. Aber auf diesem Weg zum Frieden gibt es keine Abkürzungen. Wer die endlich bevorstehenden Friedensverhandlungen sabotieren will, muß wie ein tollwütiger Hund behandelt werden. Und tollwütige Hunde werden erschossen.«

Razzak verzog das Gesicht. »Auch von Hundefreunden?«

»Besonders von Hundefreunden«, antwortete Audley gelassen. »So schnell und schmerzlos wie möglich. Und ohne Haß.«

Die beiden starrten sich sekundenlang schweigend an, ohne auf die anderen zu achten.

»Besonders von Hundefreunden«, wiederholte Razzak plötzlich ohne die geringste Ironie in der Stimme. »Und Staffelkapitän Roskill – und Major Butler?« fragte er dann. »Auch Hundefreunde?«

»Hugh steht auf meiner Seite. Er will, was wir beide wollen, und Butler ...«

»Ich will überhaupt nichts«, sagte Butler rasch. »Ich will mich nur auf meinen Geisteszustand untersuchen lassen. Ich bin privat hier. Wenn Englands Interessen nicht auf dem Spiel stehen, können Sie mir vertrauen. Sind sie jedoch gefährdet, können Sie mir nicht vertrauen.«

Razzak sah von einem zum anderen.

»Gut, dann müssen wir eben Vertrauen zueinander haben«, entschied er und schüttelte den Kopf, als finde er seine eigene Dummheit unbegreiflich. »Sie irren sich übrigens, Audley, wenn Sie insgeheim vermuten, ich sei für diesen schmutzigen Job ausgewählt worden. Nein, das habe ich mir selbst eingebrockt!« Er tippte sich auf die Brust. »Ich bin der Mann, dem Hassan einmal seine Absichten erklärt hat. Und ich habe ihn laufenlassen – einfach laufenlassen.«

Razzak holte tief Luft, bevor er weitersprach. »Das war allerdings nicht ganz meine Schuld. Es war die erste Nacht des Junikriegs, und ich hatte andere Dinge im Kopf.« Er schloß einige Sekunden lang die Augen, als wolle er sich eine Szene ins Gedächtnis zurückrufen. »Ich war bei Kriegsausbruch nicht an der Front«, berichtete er weiter, »und mußte mich erst zu meinem Regiment durchschlagen. Wir waren zu dritt unterwegs und hatten etwa fünfzehn Kilometer außerhalb von Jebl Libni kurz Rast gemacht, als er aus der Dunkelheit auftauchte. Er hatte vier Wasserflaschen, eine Maschinenpistole und seine Stiefel, deshalb habe ich ihn für einen Offizier oder Techniker gehalten. Ich dachte, er sei über die Lage an der Front informiert. Aber er wußte noch weniger als ich. Er wußte nur, daß wir bereits erledigt waren.«

Razzak machte eine Pause und lächelte bitter.

»Er wußte es aus eigener Anschauung. Er hatte ihre Flugzeuge gesehen, und er hatte unsere gesehen. Ja, Hassan wußte genau, wie die Dinge standen.«

»Wissen Sie bestimmt, daß er Hassan war?« unterbrach ihn Audley. »Hat er sich so genannt?«

»Er hat seinen Namen überhaupt nicht genannt, Doktor Audley. Er hat nie gesagt, wer oder was er war – aber er war eiskalt wütend. Wäre ich allein gewesen, hätte er mich vielleicht erschossen, weil er zuerst dachte, ich sei auf der Flucht!«

»Aber Sie sind nicht geflüchtet – ganz im Gegenteil zu ihm, verdammt noch mal!« warf Butler ein.

Razzak schüttelte den Kopf. »Hassan war keineswegs der Meinung, vor dem Feind wegzulaufen; er war eher davon überzeugt, ihm zum erstenmal in seinem Leben entgegenzulaufen. Als ich ihn aufgefordert habe, sich uns anzuschließen, hat er uns als Narren bezeichnet. Wir sollten uns ihm anschließen!«

». . . ein paar Juden umbringen und dabei selbst umkommen – was ist das schon? Das kann jeder Straßenjunge mit einer Handgranate. Aber wenn du sterben willst, kann ich dir zeigen, wie man sinnvoll stirbt. Die Juden sind nicht unser erster, sondern der letzte Gegner. Wir Araber müssen zuerst den Feind im Inneren ausrotten – die Selbstsüchtigen und Feigen, die kleinen Männer in großen Positionen, die ihre eigenen Interessen höher als die gemeinsame arabische Sache stellen . . .«

»Ich habe ihn gefragt, wie er das erreichen wolle, was nicht einmal Nasser geschafft habe«, fuhr Razzak fort. »Er hat geantwortet: ›Mit den Methoden der alten Assassinen – indem man solche Männer beseitigt, damit Freunde unserer Sache an ihre Stelle treten können.‹ Er hat mir seinen Plan in den glühendsten Farben geschildert, aber ich habe trotzdem abgelehnt.«

»War er Ihnen nicht verlockend genug?« fragte Butler.

»Verlockend?« Razzak starrte ihn an. »Hätte Sie das gereizt, Major? Politik durch Attentate zu machen?«

»Natürlich nicht«, knurrte Butler. »Die neuen Männer sind auch nicht besser – und dann muß man weitermachen.«

»Richtig! Ich bedaure nur, daß ich Hassan damals nicht ernst genommen habe. Ich dachte, er habe einen Sonnenstich. Als er dann aufgestanden und in der Wüste verschwunden ist, habe ich ihm leider keine Kugel in den Rücken gejagt. Dafür war er mir nicht wichtig genug.«

»Wann haben Sie begonnen, ihn ernst zu nehmen?« fragte Audley gespannt. »Als die Alamut-Liste aufgetaucht ist?«

Razzak lächelte schief. »Ich habe ihn überhaupt nicht ernst genommen – ich hatte ihn ganz vergessen. Aber er hat mich nicht vergessen, Audley: Er ist freiwillig zu mir zurückgekommen. Zum Heulen, nicht wahr?«

»Aber wie . . .«

»Nur Geduld!« Razzak hob seine verstümmelte Hand. »Als ich damit – und dem steifen Knie – zurückgekommen bin, hat man mir erklärt, ich sei für den aktiven Dienst nicht mehr zu brauchen. Ich bekam wieder meinen alten Job im Sicherheitsdienst, und ein intelligenter junger Mann – ein Palästinenser – sollte mich vor neuen Zusammenstößen mit russischen Offizieren bewahren. Aber er war trotzdem ein guter Junge – mit einer heißblütigen kleinen Schwester, die im Gazastreifen Handgranaten warf, bis sie prompt von den Israelis verhaftet wurde.

Als mein junger Mann nun zu allen seinen klugen Freunden ging, um sie zu bitten, seine Schwester zu befreien, konnten oder wollten sie ihm nicht helfen. Schließlich kam er auch zu mir, und ich habe seine Schwester freibekommen. Nein, nicht mit Jake Shapiros Hilfe, Audley – es gibt noch andere Möglichkeiten.

Der junge Mann revanchierte sich, indem er mir eine Geschichte erzählte. Aber ich kannte sie bereits von der Sinaihalbinsel her. Damals war sie nur eine verrückte Idee gewesen, aber nun war sie Wirklichkeit – und der Erzähler gehörte dazu. Er war einer von Hassans ›Wächtern‹, die Leute wie mich bespitzeln und die Morde planen.«

»Was haben Sie dagegen unternommen?« erkundigte sich Butler, als Razzak eine Pause machte.

»Bis diese Woche überhaupt nichts, Major.«

»Nichts!«

»Major, der Wächter hat mir unter anderem auch erklärt, unser Sicherheitsdienst sei mit Hassans Leuten durchsetzt.« Der Ägypter seufzte. »Können Sie mir verraten, wie man gegen jemanden vorgeht, der einen bereits so sehr in der Hand hat?« Razzak schüttelte den Kopf. »Ich bin nur noch deshalb gesund und munter, weil ich nichts getan habe – weil ich jahrelang den Dummen gespielt habe.«

»Bis jetzt«, stellte Audley ruhig fest.

»Richtig, bis jetzt. Und ich kann Ihnen genau erklären, warum ich das getan habe...«

»Weil sich Hassan früher oder später mit seinen Wächtern treffen muß. Oder sie müssen Verbindung mit ihm aufnehmen. Und in diesem Augenblick ist er verwundbar. Wenn er seine Sache so gut versteht, wie Sie sagen, ist das der einzige Augenblick.«

Razzak warf ihm einen anerkennenden Blick zu. »Sehr gut, Audley!«

»Nicht sehr gut, sondern nur logisch. Ohne die Wächter ist Hassan hilflos. Er ist der Wille, aber sie sind das Gehirn. Auch die Attentäter bedeuten nichts – Leute wie sie kann man überall anwerben. Und Ihr Problem ist keineswegs neu, Razzak.«

»Mein Problem?«

»Alles ist schon einmal dagewesen, Colonel«, behauptete Audley lächelnd. »Sie haben irgendwie herausbekommen, wo sich Hassan mit seinen Wächtern treffen will. Aber Sie können

Ihrem eigenen Geheimdienst nicht trauen. Ihnen sind die Hände gebunden – aber Jake Shapiro kann diese Sache für Sie erledigen!«

Roskill betrachtete den Ägypter mit neuem Respekt. Eine Taube – vielleicht; ein Patriot – ganz sicher. Aber vor allem ein gerissener Taktiker, der Audley kaum nachstand!

»Augenblick!« rief Butler aus. »Wozu brauchen Sie die Israelis, wenn Sie wissen, wo sich Hassan mit seinen Leuten treffen will? Sie sind nicht mehr auf Ihren Geheimdienst angewiesen – ein Zug Fallschirmjäger könnte Ihnen die Arbeit abnehmen.«

»Nein, so einfach ist die Sache nicht, Major«, widersprach Razzak kopfschüttelnd. »Der neue Alamut ist kein bestimmter Punkt auf der Landkarte. Ich kann mich nicht darauf einschießen und dann sagen: ›Peng – das war Alamut!‹« Er hob abwehrend die Hand. »Ich weiß nicht einmal, wie Hassan aussieht – mittelgroß, dunkles Haar, vielleicht mit Schnurrbart, Sonnenbrille –, ich weiß nur, wo er zu einem bestimmten Zeitpunkt sein wird. Alamut ist nicht irgendwo – er ist eine Zeit, kein Ort...«

»Meinetwegen«, knurrte Butler. »Diese Leute treffen sich dort, und Sie wollen sie erledigen. Aber Sie können nicht an sie heran. Liegt der Treffpunkt in Israel?«

»Israel?« Razzaks ungläubiger Tonfall war vielsagend genug.

»Also nicht in Israel. Und offenbar auch nicht in Ägypten, sondern irgendwo im Ausland. Warum haben Sie sich dann an die Israelis gewandt? Warum nicht an die Russen, denen es doch auch darauf ankommen muß, die geplanten Verhandlungen zu untersützen?«

»Major Butler...«, begann Audley.

»Nein, Audley«, unterbrach ihn Butler. »Vielleicht haben Sie ein gutes Gefühl bei dieser Sache, aber ich muß Beweise sehen, bevor ich alles glaube.«

»Und ich kann Ihnen Tatsachen vorlegen.« Razzak hob abwehrend die Hand, als Audley etwas sagen wollte. »Major Butlers Mißtrauen ist durchaus verständlich. Noch vor einem halben Jahr wäre ich seiner Meinung gewesen – und selbst heute tue ich das alles nicht ohne gewisse Bedenken.« Er wandte sich wieder an Butler. »Major, dieser Hassan ist sehr selbstsicher, aber auch sehr vorsichtig. Sollte irgend etwas passieren, was ihn mißtrauisch macht, gibt es morgen keinen Alamut.«

»Morgen!«

»Ganz recht. In weniger als sechsunddreißig Stunden. Und ich bekomme nie wieder eine Chance wie jetzt – Hassan und einige seiner Wächter zu fassen.« Razzak beugte sich nach vorn. »Aber Sie haben recht, Major, ich könnte mich an die Russen wenden. Oder an die Syrer – oder sogar an die Iraker, obwohl das beim gegenwärtigen Stand der Dinge unklug wäre. Aber sie alle könnten Alamut leichter nehmen, wenn er ihnen angeboten würde. Aber würden sie ihn dann auch zerstören? Oder würden sie Hassan für ihre eigenen Zwecke ausnutzen?« Er verzog das Gesicht. »Ich glaube, die Versuchung wäre etwas zu groß. Aber selbst wenn das nicht zuträfe, wären sie meiner Überzeugung nach ebenso ungeeignet wie wir. Wahrscheinlich würden sie ihn verscheuchen, Major.«

»Deshalb verbünden Sie sich lieber mit Ihren Gegnern?«

»Wenn wir beide die gleichen Interessen hätten, würde ich sogar einen Pakt mit dem Teufel schließen, Major.«

Butler grinste unwillkürlich. Razzak hatte den richtigen Tonfall getroffen. Dieser pragmatische Patriotismus entsprach ganz Butlers eigener Art.

»Die gleichen Interessen«, warf Audley ein, »aber vielleicht ohne die dazugehörige Versuchung?«

»Allerdings!« Razzak lachte humorlos. »Das ist das ganze Geheimnis, Audley. Für die Israelis ist Hassan kein Mann, der sie in Versuchung führen könnte. Sie können tun, was ich will, oder sie können überhaupt nichts tun.«

»Sie scheinen alles ziemlich sorgfältig geplant zu haben, Colonel.«

»Nein, Doktor Audley. Das liegt nur an Alamut selbst. Er läßt uns praktisch keine andere Wahl. Hassan trifft sich nämlich morgen abend mit seinen Freunden an Bord einer Maschine der Trans-Levant auf dem Flug von Aleppo nach Mosul.«

14

»Scheinbar ein ganz gewöhnlicher Linienflug.« Razzak lächelte sarkastisch. »Aber wenn Sie versucht hätten, einen Platz für diesen Flug zu buchen, hätten Sie Pech gehabt. Und ich nehme an, daß morgen nicht die normale Besatzung fliegt. Wahrscheinlich ließe sich nicht einmal feststellen, welche Maschine dafür eingesetzt wird. Aber ansonsten ein ganz gewöhnlicher Flug...«

»Wissen Sie das ganz sicher, Mann?« fragte Butler. »Wenn Sie sich täuschen...«

»Wenn ich mich täusche, würde ich ein Verbrechen planen, nicht wahr?« Razzak zog die Augenbrauen hoch. »Daran habe ich auch schon gedacht. Aber ich irre mich nicht, Major Butler.«

Ein gewöhnlicher Flug... Falls Hassans Leute auch innerhalb der Fluggesellschaft arbeiteten, war dieser Gedanke gar nicht so abwegig. Ein Geheimtreffen setzte voraus, daß sich die Delegierten irgendwo *trafen* – und darin lag die größte Gefahr.

Aber wenn Besatzung und Fluggäste sorgsam ausgesucht waren, konnte ein Linienflug dieses Problem auf einfachste Weise lösen. Die Fluggäste versammelten sich zum Abflug und gingen am Zielflughafen wieder auseinander. Sollten einige von ihnen zufällig beschattet werden, wurden die Verfolger aufgehalten und konnten nur den Abflug weitermelden.

»Sie wollen also, daß die Israelis eine Bombe in die Maschine schmuggeln?« fragte Butler zweifelnd.

Razzak schüttelte den Kopf. »Nein, Major Butler. Wenn sie das könnten, hätte ich es auch allein geschafft. Aber es ist nicht mehr so einfach wie früher, Flugzeuge zu sabotieren – und in diesem speziellen Fall ist das ausgeschlossen.«

»Warum?« wollte Butler wissen.

»Aus verschiedenen Gründen, Major. Bei Trans-Levan arbeiten Männer, denen er wirklich vertrauen kann, das steht fest. Und selbst wenn wir wüßten, mit welcher Maschine sie alle fliegen wollen, könnten wir nicht an sie heran – jedenfalls jetzt nicht mehr.«

»Weshalb nicht mehr?«

»Weil der Flughafen Aleppo im Augenblick streng bewacht wird. Das hat Hassan arrangiert, ohne daß er oder seine Leute sich deswegen anstrengen mußten.«

»Wie hat er das geschafft, verdammt noch mal?«

»Ganz einfach, Major – auf dem Flughafen ist Bombenalarm gegeben worden. Jemand hat gestern dort angerufen und vor einem Attentat gewarnt, das extremistische Kurden auf eine irakische Maschine verüben wollen. Das hat heute morgen in der Zeitung gestanden. Jetzt ist der gesamte Flughafen gesperrt, bis alle Maschinen durchsucht worden sind.« Der Ägypter zuckte mit den Schultern. »Natürlich kann der Zufall Hassan zur Hilfe gekommen sein, aber ich glaube nicht recht daran. Die Kurden haben energisch dementiert, ein Attentat geplant zu haben, und das nehme ich ihnen auch ab. Die ganze Sache trägt Hassans Handschrift. Er läßt gern andere für sich arbeiten; er nützt andere skrupellos aus.« Razzak machte eine Pause. »Seine Maschine wird bestimmt am besten bewacht, Major Butler.«

»Dann können Sie sie nur noch entführen«, stellte Butler fest. »Wenn Sie einen seiner Leute gekauft hätten...« Er runzelte die

Stirn. »Aber was haben die Israelis damit zu tun? Wollen Sie das Flugzeug nach Israel entführen?«

»Das wäre natürlich die zivilisierteste Art, das Problem zu lösen«, stimmte der Ägypter bedauernd zu. »Aber soviel ich gehört habe, kommt so etwas für die Israelis nicht in Frage. Sie sind klug genug, derartige Dinge den Guerillas zu überlassen. Und selbst wenn ich einen bewaffneten Mann an Bord schmuggeln könnte, hätte er es nicht mit harmlosen Passagieren zu tun... Nein, Major, die Israelis wollen ganz sichergehen.«

Razzak seufzte und sah zu Roskill hinüber.

Ich kenne also die Antwort, dachte Roskill.

»Langstreckenjäger?« fragte er zögernd – und merkte, daß er auf der richtigen Fährte war. »Sie könnten die Maschine für Sie abschießen!«

Wenn weder Syrer noch Iraker noch Russen vertrauenswürdig genug waren, besaßen die Israelis als einzige im Nahen Osten die Piloten und die Flugzeuge für diesen Auftrag. Und die Ägypter mußten aus eigener Anschauung wissen, wie gut die israelische Luftwaffe war.

»Sie wollen die Verkehrsmaschine nicht entführen, sondern einfach abschießen?« knurrte Butler ungläubig.

»Nachts irgendwo über der Wüste«, sagte Razzak. »Da gibt es keine Augenzeugen.«

»Und die Kurden werden dafür verantwortlich gemacht«, warf Audley trocken ein.

»Aber das sind doch über tausend Kilometer!« protestierte Butler. »Können sie das aus dieser Entfernung?«

»Achthundert Kilometer, Major. Und sie haben amerikanische Phantoms. Was die technische Seite betrifft, kann Staffelkapitän Roskill Ihnen bestimmt Auskunft geben.«

Butler sah zu Roskill hinüber. »Hugh...?«

»Wenn sie den Flugplan haben, ist das für sie eine Kleinigkeit«, bestätigte Roskill. »Das wäre übrigens nicht der erste

Hinterhalt dieser Art, Jack. Die Amerikaner haben neunzehnhundertdreiundvierzig im Südpazifik auf gleiche Weise Admiral Yamamoto erwischt. Und haben die Deutschen nicht neunzehnhundertzweiundvierzig oder neunzehnhundertdreiundvierzig eine Maschine auf dem Flug nach Lissabon abgeschossen, weil sie glaubten, Churchill sitze darin?«

»Ja, das weiß ich noch gut«, sagte Mary plötzlich. »Damals ist auch Leslie Howard umgekommen. Ein wunderbarer Schauspieler!« Sie schüttelte traurig den Kopf. »Wenn meine Nichte und ihre Freunde hier wären, Colonel Razzak, würden sie behaupten, Ihr Plan sei verbrecherisch – sie würden sagen, ein Polizist dürfe niemals als erster schießen, selbst wenn er dadurch ein Verbrechen verhindern wolle.« Mary seufzte schwer. »Aber Sie hassen sie doch nicht – diese Leute in dem Flugzeug?« fragte sie Razzak.

»Madame...?« Der Ägypter wußte offenbar nicht, worauf sie hinauswollte.

»Und ich weiß, was David empfindet«, fuhr sie fort. »Ist Ihr Colonel Shapiro wie Sie, David?«

»Shapiro ist ein anständiger Kerl, Miss Hunter. Was er tun muß, gefällt ihm nicht immer.«

»Das habe ich gehofft«, sagte Mary leise. »Und wenn dieses Treffen nicht verhindert wird, könnte es im Nahen Osten wieder Krieg geben?«

»Nein, keinen offenen Krieg, Miss Hunter.« Razzak schüttelte den Kopf. »Hassan würde sein Ziel nie erreichen. Aber wir machen uns Sorgen um die vielen Opfer, die sein wahnsinniger Plan fordern würde.«

Mary betrachtete ihn nachdenklich. »Und wenn Sie und die Israelis diesmal im geheimen zusammenarbeiten, kommt es eines Tages vielleicht zu offener Zusammenarbeit?«

Razzak zuckte schweigend mit den Schultern. Mary schien zu spüren, daß er ihre Frage nicht beantworten konnte, weil die

Auswirkungen noch nicht zu überblicken waren. Sie wandte sich an Audley.

»Es ist ein Verbrechen, dieses Flugzeug abzuschießen, David – selbst wenn es mit lauter Kriminellen besetzt wäre, was ich nicht glauben kann. Aber ich finde, daß Colonel Razzak recht hat, und Sie müssen alles tun, um ihm zu helfen. Ich bezweifle, daß der Zweck jemals die Mittel heiligt, aber ich glaube, daß er sie manchmal entschuldigt.«

»›Wir sind die Feuerwehr, die frei von Leidenschaft das Feuer löschen muß‹«, zitierte Audley. »›Später folgen die Erklärungen, aber das ist nicht unsere Sache.‹«

Der Ägypter nickte zustimmend. »Madame«, sagte Razzak nachdrücklich, »ich gebe Ihnen mein Wort, daß wir diesen Brand löschen werden.«

15

»Colonel Shapiro ist ein bemerkenswerter Mann«, stellte Yaffe ernsthaft fest. »Wirklich ein sehr bemerkenswerter Mann.«

Roskill warf dem israelischen Agenten einen prüfenden Blick zu, weil er nicht wußte, ob das ironisch gemeint gewesen war. Aber Yaffe war kein Typ, der zur Ironie neigte: Er war ein hagerer, etwas pedantisch wirkender junger Mann, der geradezu exzentrisch ernsthaft zu sein schien.

»Dann ist Razzak ebenso bemerkenswert«, stellte Roskill herausfordernd fest.

Yaffe dachte darüber nach. »Richtig«, stimmte er schließlich zu. »Ja, ich glaube, daß er in die gleiche Kategorie wie Colonel Shapiro gehört. Vielleicht eine Kleinigkeit tiefer – aber in die gleiche Kategorie. Die Männer der Zukunft!«

»Nur unter der Voraussetzung, daß Ihre Leute bereit sind,

eine Phantom so weit außerhalb Israels zu riskieren«, wandte Roskill ein. »Soviel ich weiß, war das gestern noch immer nicht beschlossene Sache. Falls ihr Vorschlag abgelehnt wird, haben die beiden überhaupt keine Zukunft vor sich, fürchte ich. Oder haben Sie inzwischen neue Informationen bekommen?«

Yaffe grinste und wirkte dadurch um Jahre jünger. »Ich bin jetzt nur Zuschauer, wissen Sie. Genau wie Sie, Staffelkapitän. Aber ich glaube nicht, daß wir hier wären, wenn der Plan aufgegeben worden wäre.«

Er hatte recht. Razzak hatte zugegeben, daß das Unternehmen beinahe abgeblasen worden war, als sich herausstellte, daß die Engländer davon wußten. Anscheinend trauten ihnen weder Ägypter noch Israelis zu, ein Geheimnis wahren zu können. Nur Audleys guter Ruf als vertrauenswürdiger Verhandlungspartner und seine Geschicklichkeit, wenn es darum ging, die eigene Seite hinzuhalten, hatten dieses zweite Treffen überhaupt möglich gemacht. Aber nun schien Shapiro die näheren Angaben über den Flugplan, die Razzak ihm in East Firle versprochen hatte, akzeptieren zu wollen.

Soviel Roskill beurteilen konnte, befanden sie sich jetzt am Rand des New Forest, einem weitaus ungünstigeren Treffpunkt als der Beacon Hill. Obwohl Shapiro und Razzak gegen Mittag offiziell in dieser Gegend sein mußten, – einer in Salisbury Plain, der andere in Portland –, war dieses bewaldete Gelände noch weniger für ihre Zwecke geeignet als die kahlen Hügel um East Firle.

Roskills Unruhe wuchs, als irgendwo in der Nähe wieder geschossen wurde. Sie hatten die ersten Salven bereits gehört, als sie aus dem Auto gestiegen waren. Hinter dem Hügelrücken halbrechts von ihnen mußte ein Schießplatz liegen.

»Ich kann mir verdammt viele bessere Treffpunkte vorstellen«, sagte er mürrisch. »Hier fordern wir einen Hinterhalt geradezu heraus. Nur weil Sie zufällig in der Nähe wohnen...«

»Hier gibt es keinerlei Schwierigkeiten, dafür garantiere ich«, unterbrach ihn Yaffe.

»Haben Sie auch letztesmal dafür garantiert?«

»Das war eben Pech!« antwortete Yaffe eher irritiert als schuldbewußt.

»Jemand hat gepatzt«, stellte Roskill fest.

Das stimmte, auch wenn Yaffe es nicht wahrhaben wollte. Aber offenbar war nicht er der Verantwortliche gewesen, denn niemand bekam Gelegenheit, den gleichen Fehler zweimal zu machen – am allerwenigsten im israelischen Geheimdienst. Das bedeutete, daß sich Roskill nicht unnütz aufzuregen brauchte, wenn Yaffe ihm versicherte, alles sei in Ordnung.

»Ich gebe zu, daß das kein idealer Treffpunkt ist«, lenkte Yaffee ein. »Ich hätte ihn nicht gewählt, obwohl ich hier wohne. Aber Sie müssen mir eben glauben, wenn ich Ihnen sage, daß wir hier heute sicher sind.«

»Wer hat ihn ausgesucht?« wollte Roskill wissen.

»Indirekt unser Freund Razzak. Soviel ich weiß, hat er in letzter Zeit Schwierigkeiten mit seinen Leuten. Sie hängen wie die Kletten an ihm.«

Wahrscheinlich Majid. Roskill hatte den jungen Captain in Verdacht, einer von Hassans Wächtern zu sein.

»Ich glaube, daß er sie schlecht abschütteln konnte, ohne sie noch mißtrauischer zu machen«, fuhr Yaffe fort. »Und je öfter er sie abgeschüttelt hat, desto mißtrauischer sind sie geworden. Deswegen hat er das Treffen bei Newhaven vorgeschlagen, als er schon nach Paris unterwegs war...«

»Eine schöne Pleite!«

Yaffe zuckte mit den Schultern. »Die Sache hätte schlimmer ausgehen können.«

»Da haben Sie recht!« Roskill dachte an Alans Morgenritt. »Alles wäre noch schlimmer gewesen, wenn Hassans Mann nicht einem unserer Leute begegnet wäre. Warum glauben Sie, daß es diesmal besser klappt?«

»Diesmal?« Yaffe runzelte die Stirn. »Staffelkapitän, dies ist *unser* Gebiet und *unser* Treff.« Er lächelte aufmunternd. »Außerdem glauben wir, daß Razzak jetzt nicht mehr so sehr unter Druck steht. Seitdem Majid unterwegs ist ...«

»Majid ist fort?«

»Das konnten Sie natürlich nicht wissen. Er ist gestern abend nach Hause geflogen. Sein Vater ist gestorben.«

Roskill nickte langsam. Majid würde nicht der einzige sein, der plötzlich wegen dringender Familienangelegenheiten nach Hause mußte. Damit hatten sie gerechnet.

»Was den Treffpunkt betrifft, bin ich natürlich Ihrer Meinung«, fügte Yaffe hinzu. »Aber daran sind die Ägypter schuld. Sie haben auf einem Treffpunkt weit außerhalb Londons bestanden.«

In der Ferne hämmerte wieder ein Maschinengewehr.

»Was soll eigentlich diese verdammte Knallerei?«

»Das ist die Territorialverteidigung«, antwortete Yaffe bereitwillig. »Ihre Leute haben den Schießplatz jeden Sonntag morgen ein paar Stunden lang. Dann überlassen sie ihn uns.«

Roskill warf ihm einen fragenden Blick zu. Der Israeli lachte schallend.

»Ich meine nicht die israelische Armee, Staffelkapitän, sondern den hiesigen Schützenverein.« Er klopfte auf die alte Golftasche, die über seiner Schulter hing. »Ich übe jeden Sonntag mit meinem alten Familienerbstück. In Ihrem gesetzestreuen Land ist das die einzige Möglichkeit, auf ehrliche Weise einen Waffenschein zu behalten. Sport – ja, Selbstverteidigung – nein!«

»Ich verstehe trotzdem nicht, warum sich die beiden überhaupt treffen mußten.«

»Razzak und der Colonel?« Yaffe nickte verständnisvoll.

»Die Ägypter haben auch darauf bestanden. Ich glaube, daß sie uns im Grunde genommen noch immer nicht recht trauen. Dabei nehmen wir das größere Risiko auf uns.« Yaffe seufzte. »Wir sind natürlich hinter Hassan her, und Razzaks Informationen bestätigen, was wir bisher wissen. Aber für uns ist das keine Überlebensfrage; unsere Organisation arbeitet zuverlässiger und könnte die möglicherweise Gefährdeten schützen.« Er machte eine Pause. »Für uns gibt es eigentlich nur zwei Möglichkeiten«, stellte er philosophisch fest. »Wir müssen ihnen trauen oder weiter gegen sie kämpfen, und ich habe diese sinnlosen Kämpfe satt. Ich möchte nie wieder ...«

Yaffe verstummte plötzlich. Er warf sich nach vorn, drängte sich vor Roskill und griff gleichzeitig unter seine Jacke. Die Golftasche traf Roskills Brust und ließ ihn rückwärtstorkeln. Im gleichen Augenblick ratterte eine MP los. Roskill verlor den Boden unter den Füßen, und Yaffe stieß mit ihm zusammen.

Dann schrie jemand vor Schmerz und Entsetzen auf.

Die Bäume drehten sich vor ihm im Kreis, und der Boden kam ihm rasend schnell entgegen.

Roskill lag mit einem schrecklichen Gewicht auf der Brust im Dunklen. Dunkelheit und Nässe und das Gewicht, das ihn zu Boden drückte ...

»Sind sie tot?« fragte eine Stimme wie aus weiter Ferne.

Ein Grunzen. »Klar sind sie tot.«

Roskill wollte rufen, er sei nicht tot – vielleicht liege er im Sterben, aber er sei nicht tot. Aber das Grunzen und die heisere Stimme waren ihm erschreckend bekannt vorgekommen, und er dachte: Wenn ich einen Laut von mir gebe oder mich bewege, *bin* ich tot.

»Weißt du das bestimmt?« Die englische Stimme.

»Natürlich. Die Uzi macht keinen Fehler. Aber wir können ja nachsehen.«

Das war eine dritte Stimme. Keine englische, keine bekannte Stimme. Roskills Hoffnungen schwanden, und er machte sich resigniert auf den unvermeidlichen Gnadenschuß gefaßt.

»Mein Gott!« Die englische Stimme war näher herangekommen. »Du hast sie durchsiebt!«

»Aus dieser Nähe...«

»Aber hier sollte es doch keine Toten geben!«

Roskill schöpfte neue Hoffnung. Er zwang sich dazu, nur ganz flach zu atmen; jeder Atemzug fiel ihm ohnehin schwer.

»Mir ist nichts anderes übriggeblieben.« Die heisere Stimme klang verächtlich. »Beide hätten mich erkannt.«

»Wahrscheinlich hätten sie uns alle erkannt.« Die dritte Stimme klang nüchtern. »Und der Jude wollte seine Pistole ziehen. Das war Pech, aber er hat richtig reagiert.«

»Was tun wir jetzt?« Die englische Stimme zitterte.

»Wir schaffen die beiden vom Weg und gehen weiter.«

»Wir lassen sie einfach hier?«

»Ja, bis wir wissen, was Razzak vorhat und mit wem er sich trifft. Diese beiden laufen uns nicht weg.«

»Aber jemand kann sie finden, verdammt noch mal!«

»Keine Angst, wir verstecken sie gut.«

»Angst?« Der Engländer wurde wütend. »Hier sollte niemand umgebracht werden – das war ein Befehl! Ihr könnt nicht einfach Leute abknallen und dann verschwinden.«

»Wir verschwinden nicht. Wir kommen später zurück und kümmern uns um sie. Aber Razzak ist wichtiger.« Der Tonfall wurde energischer. »Wieviel Zeit haben wir noch, Jahein?«

»Er ist vor fünf Minuten weggegangen – wir dürfen keine Sekunde verlieren.«

»Großer Gott!« schluchzte die englische Stimme. Der Mann war offenbar einem Zusammenbruch nahe.

»Paß auf, wir legen sie einfach auf die Zeltbahn und schaffen sie dort drüben hinter die Büsche«, erklärte ihm der dritte

Mann beruhigend. »Komm, Jahein, hilf mir mit dem Juden. Und nimm ihm die Pistole ab.«

Roskill biß die Zähne zusammen, als die schwere Last von ihm genommen wurde. Er durfte nicht atmen, er durfte keine Bewegung machen – er mußte tot sein!

»Nimm dem anderen die Waffe ab, während wir den Juden verstecken.«

Eine Hand glitt über Roskills Oberkörper. »Er hat keine«, meldete Jahein.

»Na, sie hätte ihm auch nichts genützt. Komm, wir rollen ihn auf die Plane.«

Roskill hätte beinahe aufgeschrien, als grobe Hände ihn anpackten. Er bemühte sich, völlig leblos zu wirken. Die Zeltplane bedeckte ihn wie ein Leichentuch.

»Schneller! Beeilt euch!«

Sein linkes Bein und die ganze linke Seite waren gefühllos. Roskill wußte, daß er verwundet war – aber die Verletzungen konnten nicht allzu schlimm sein, weil er noch bei Bewußtsein war. Oder blieb man bei vollem Bewußtsein, solange der Schock das Schmerzempfinden unterdrückte?

Die beiden Männer, die ihn in der Zeltbahn getragen hatten, ließen ihn halb fallen und zogen die Plane unter ihm heraus. Er wurde nicht einmal ohnmächtig, sondern merkte, daß er auf dem Bauch lag und daß sie ihn mit Laub und dürren Zweigen zudeckten. Danach herrschte wunderbare Stille ...

Er durfte nichts durch Voreiligkeit verderben; er mußte warten, bis die Stille wirklich Sicherheit bedeutete.

Roskill zählte langsam bis hundert, noch mal bis zwanzig, weil er das Gefühl hatte, nach siebzig bei neunzig weitergemacht zu haben, und dann zum zweitenmal bis hundert.

Er konnte die Augen kaum öffnen; die Lider schienen zusammengeklebt zu sein. Er rieb sich die Augen und konnte wieder sehen: Eine Handbreit vor seinem Gesicht krabbelte ein schwarzer Käfer über dürres Laub. Er tastete die gefühllose Körperhälfte ab und spürte etwas Klebriges an den Fingern. Blut! Aber er konnte die linken Zehen noch bewegen, obwohl das Bein selbst wie gelähmt war.

Roskill schob die Zweige beiseite, richtete sich schwankend auf Hände und Knie auf und sah sich um. Er war nicht weit vom Weg entfernt. Er hob den Kopf höher und verlagerte sein Gewicht auf das rechte Knie.

Er sah an sich hinunter und hielt den Atem an: Er war überall blutig, Hemd und Hose waren blutdurchtränkt. Kein Wunder, daß die anderen ihm keinen zweiten Blick gegönnt hatten! Aber er durfte sich jetzt nicht mit solchen Überlegungen aufhalten; er mußte so schnell wie möglich fort.

Roskill versuchte aufzustehen, belastete das linke Bein – und stieß einen leisen Schmerzensschrei aus, als er nach vorn zusammensackte. Er sah sich verzweifelt um. Er durfte nicht hierbleiben, aber er würde nicht weit kommen, wenn er zu kriechen versuchte. Er war durstig und benommen: klassische Symptome eines Schocks. Seine Verletzungen mußten schwerer sein, als er bisher geglaubt hatte.

Fallender Blutdruck, schneller, unregelmäßiger Puls; die Haut blaß, kalt, feucht... Roskill erinnerte sich deutlich an die Symptome, die Dr. Farrell beim Erste-Hilfe-Kurs aufgezählt hatte.

Aber Doc Farrell hatte ihnen auch etwas anderes erklärt... Was denn nur?

›In Krisensituationen erweist sich das sympathische Nervensystem dem Zentralnervensystem überlegen. Die sympathischen Reaktionen bewirken eine Mobilisierung aller Körperreserven, die dazu beitragen können, die Krise zu meistern.‹

Mann, wenn du in Lebensgefahr bist, steigt die Adrenalinzufuhr, und du funktionierst glänzend. Würdest du ständig so leben, wärst du nach kurzer Zeit ausgebrannt. Aber wenn du die Nerven behältst, solange du ganz oben bist, bist du ein Supermann!

Der Supermann wischte sich mit blutbeschmierter Hand Tränen aus den Augen und sah sich nochmals um.

Die Golftasche!

Roskill bemühte sich, Yaffe nicht anzusehen, während er ihm die Tasche vom Arm streifte. Die Riemen waren steif und glitschig; auch die Tasche war blutgetränkt. Er holte Yaffes Gewehr heraus: einen alten Lee-Enfield-Karabiner.

Munition? Er riß fieberhaft den Hebel zurück.

Der Karabiner war nicht geladen. Yaffe hatte ihn natürlich nicht schußbereit mit sich herumgeschleppt. Aber die Munition mußte irgendwo in der Tasche sein – wenn er sie nicht erst im Schützenverein bekam!

Roskill nestelte den Verschluß der Balltasche auf. Sie enthielt kleine Schachteln mit jeweils fünf Patronen in schwarzen Laderahmen. Roskill lud den Karabiner mit zitternden Fingern und steckte noch zwei Schachteln Munition ein.

Supermann war jetzt bewaffnet. Aber das Gelände war für den Lee-Enfield ungünstig; der Karabiner brauchte freies Schußfeld. Hier in bewaldetem Gebiet war ihm die Uzi überlegen.

Die Wiese.

Die drei würden über die vom Weg aus sichtbare Wiese zurückkommen.

Roskill arbeitete sich mühsam zum Weg hinauf. Er wußte, daß er dabei seine letzten Energiereserven aufbrauchte. Aber der Rand der Weide etwa fünfzig Meter vor ihm war das Gelobte Land; wenn er es nicht erreichte, war alles verloren.

Eine Ewigkeit später hatte er die abgemähte Wiese vor sich. Sie war viel größer, als er sie sich vorgestellt hatte. Ein Stacheldrahtzaun grenzte sie zum Unterholz hin ab. Und links hinten erkannte Roskill das Drehkreuz, durch das Yaffe und er vor einigen Minuten hätten gehen sollen.

Yaffe...

Die Wiese war abgemäht, aber der Bauer hatte am Rand eine Stelle um einen alten Baumstumpf ausgelassen. Roskill kroch darauf zu. Er drückte die Stirn eine halbe Minute lang gegen die rauhe Baumrinde und atmete tief durch.

Wieder ein Beweis dafür, daß seine Kräfte nachließen.

Aber noch nicht, verdammt noch mal, noch nicht!

Roskill legte den Karabiner sorgfältig neben sich ins Gras und holte die Munitionsschachteln aus der Tasche. Er öffnete sie und stellte sie auf den Baumstumpf, um neue Patronen griffbereit zu haben. Dabei sah er erschrocken, daß seine Hand kreidebleich war und wie die eines alten Mannes zitterte. Die Adern traten groß und blau hervor.

Er sah sich langsam um. Was hatte er als Rekrut gelernt?

Eine gute Feuerstellung muß den freien Gebrauch der Waffe gestatten; sie muß gutes Schußfeld mit guter Deckung vereinigen.

War da nicht noch etwas gewesen?

Sie muß leicht zu erreichen und zu verlassen sein...

Nun, seine Stellung erfüllte alle diese Bedingungen – nur die letzte nicht. Aber das spielte keine Rolle, denn er würde sie ohnehin nicht mehr verlassen. Jedenfalls nicht mit eigener Kraft.

Er brachte das Gewehr in Anschlag und überzeugte sich davon, daß es entsichert war. Der Karabiner war ein uraltes Modell mit U-förmiger Kimme. Aber das spielte keine Rolle, solange es ihm gelang, Kimme, Korn und Ziel in eine Linie zu bringen...

Roskill schüttelte benommen den Kopf und sah wieder nach vorn.

Großer Gott, die drei kamen bereits auf ihn zu! Er war so mit dem Lee-Enfield beschäftigt gewesen, daß er sie nicht gesehen hatte. Dabei hatte er sich noch nicht einmal überlegt, was er tun wollte!

Sollte er aus größerer Entfernung das Feuer eröffnen, die drei vertreiben und die anderen warnen?

Nein, dadurch konnte er niemanden warnen, denn auf dem Schießplatz wurde noch immer geschossen, und er würde die Männer aus größerer Entfernung bestimmt verfehlen.

Das bedeutete, daß er sie ganz nahe an sich herankommen lassen mußte ...

Drei Männer. Roskill sah sie jetzt zum erstenmal ganz deutlich: Jahein, der grauhaarige Araber, ging voraus und hatte einen Regenmantel über dem Arm, um seine Uzi zu tarnen; der Engländer war hager und farblos; der dritte Mann, ein Levantiner, trug einen länglichen schwarzen Kasten unter dem Arm – vermutlich ein Richtmikrofon.

Der Engländer würde weglaufen. Er hätte selbst nie geschossen und wäre beim Anblick der beiden Opfer am liebsten geflüchtet. Folglich würde er auch jetzt nicht den Helden spielen wollen. Roskill hatte es also nur mit zwei Gegnern zu tun. Soviel traute er sich noch zu.

Aber die Männer bewegten sich immer wieder aus der Schußlinie. Roskill hielt den Karabiner umklammert und wünschte sich, er hätte schon vorher Zielübungen angestellt. Er mußte die drei noch näher herankommen lassen. Näher, noch näher, damit er sie nicht mehr verfehlen konnte!

Er schoß Jahein aus zehn Meter Entfernung in die Brust.

Roskill riß den Ladehebel zurück. Die Patronenhülse wurde ausgeworfen. Der Hebel glitt wieder nach vorn. Jahein war im Gras zusammengebrochen.

Hätte der dritte Mann sich auf ihn gestürzt – oder wäre er weggelaufen –, hätte Roskill ihn bestimmt verfehlt. Aber der andere ließ seinen schwarzen Kasten fallen und bückte sich nach Jaheins Uzi.

Damit hatte er sein eigenes Todesurteil unterschrieben. Roskill konnte ruhig zielen, und dieser Schuß war leichter als der erste. Der Mann wollte sich eben mit der MP aufrichten, als Roskills zweiter Schuß ihn tödlich traf.

Roskill ließ erschöpft den Karabiner sinken. Sein Mund brannte plötzlich wie Feuer. Er sah dem Engländer nach, der wie ein flüchtender Hase quer über die Wiese zum Stacheldrahtzaun hetzte. Sollte er doch fliehen! Die beiden andern hatte er aus Notwehr erschossen. Diesmal wäre es kaltblütiger Mord.

Dann wurde ihm schlagartig klar, daß einer so wichtig wie der andere war: Wenn sie das Treffen zwischen Razzak und Shapiro beobachtet hatten, konnte jeder von ihnen ...

Roskill konnte nicht mehr nachdenken; er mußte sich auf den schwierigen Schuß konzentrieren. Der Mann würde über den Zaun klettern müssen; der Stacheldraht war so hoch, daß er ihn nicht im Sprung überwinden konnte.

Warten und konzentrieren. Dort lief kein Mann, sondern eine wertvolle Information auf den Zaun zu. Sobald sie den Stacheldraht überwunden hatte, war sie auf dem Weg nach Alamut. Aber so weit durfte es nicht kommen.

Langsam Druckpunkt nehmen – der Mann war schon fast am Zaun – jetzt kletterte er hinauf und war mit dem Ärmel hängengeblieben – etwas ausatmen, zielen, abdrücken!

Roskill zuckte schmerzhaft zusammen, als der Rückstoß seine Schulter traf und sich durch den ganzen Körper fortzupflanzen schien.

Als er wieder klar sehen konnte, hing der Mann halb über dem Stacheldrahtzaun. Im nächsten Augenblick rutschte er rückwärts ab, verfing sich im Stacheldraht, kam wieder frei und blieb am Fuß des Zaunes liegen.

Roskill wartete. Er wußte, daß er noch etwas zu tun hatte, und dieses Bewußtsein ließ ihn nicht zur Ruhe kommen. Verdammt noch mal, er war der Wahrheit so nahe gewesen – und dann hatte Audley sie verdreht und ihm die falsche Antwort aufgedrängt!

Das Treffen in East Firle war entscheidend: nicht wegen der Tatsache, daß Razzak sich dort mit Shapiro getroffen hatte, sondern weil Jahein und seine Begleiter von dem Wächter, der Razzak überwachen sollte, nichts erfahren hatten.

Majid!

Majid war also der junge Mann mit der heißblütigen kleinen Schwester – Razzaks Mann innerhalb Hassans Organisation. Deshalb waren Razzak und Shapiro zu zuversichtlich gewesen, Hassan könne ihnen nicht auf der Spur sein, obwohl sie ihn beide fürchteten: Solange Majid ›wachte‹, erhielt Hassan keine brauchbaren Informationen ...

Was Alan gesehen hatte, spielte also keine Rolle, aber Majids falscher Bericht über die Parisreise durfte nicht widerlegt werden. Damit wäre Majid aufgeflogen – und mit ihm Razzaks letzte Chance, Hassan zu erledigen! Razzak hatte es geschickt verstanden, Majids wahre Rolle geheimzuhalten. Aber er hatte andererseits den großen Fehler gemacht, seinen treuen alten Untergebenen Jahein zu verachten – den einfachen Sergeanten, der Hassans Rückversicherung war, ohne daß selbst Majid davon gewußt hatte.

Roskill hielt den Karabiner schußbereit. Sie mußten bald kommen. Ihr Gespräch mußte inzwischen beendet sein, und sie würden darauf warten, daß er gehorsam herantrottete. Wenn er ausblieb, würden sie sich Sorgen machen.

Er brauchte nur noch auf sie zu warten. Alle Widersprüche waren jetzt aus seinen Gedanken verdrängt. Sie hatten den Wunsch nach Rache für Alan unterdrückt, aber jetzt dachte Roskill nur noch an diese Rache.

Die Schmerzen wurden stärker. Er wischte sich die Tränen aus den Augen, um besser sehen zu können. Dann erkannte er vier Gestalten am Drehkreuz. Er sah, wie Butler sein Fernglas an die Augen setzte, und bildete sich ein, ihn fluchen zu hören. Dann kam Butler heran...

»Hierher, Jack!« krächzte der Verwundete.

Butler lief an den Toten vorbei, ohne ihnen einen Blick zu gönnen. »Hugh...«

»Alles okay, Jack – ich – mir geht's gar nicht – so schlecht. Ich hab' alle drei erwischt, Jack! Peng, peng, peng!«

»Nicht reden, Hugh!« Butler starrte ihn zweifelnd an. »Sie haben drei erwischt?«

»Einer – drüben am Zaun, Jack. Rufen Sie die anderen, Jack – muß ihnen was Wichtiges sagen – dringend!«

Butler winkte die drei heran und richtete sich auf.

»Sie kommen schon, alter Junge. Sie sind gleich hier. Dann bringen wir Sie weg.« Er machte eine Pause. »Ich... Hugh, wo ist Yaffe?«

»Hinter uns auf dem Weg... Sie müssen sich um ihn kümmern, Jack.«

Butler durfte nicht in der Nähe sein, wenn er wieder schoß.

»Laufen Sie nur, Jack«, murmelte Roskill vor sich hin, während er den Karabiner nach vorn schob, »laufen Sie nur zu!«

Roskill beobachtete die drei Herankommenden. Das Schußfeld war zweifellos gut – er hatte alle drei in Sicht und im Visier. Wenn er die verdammte Waffe nur ruhig halten könnte!

Links: David Audley

Schuft, cleverer Schuft, David! Wie lange hast du schon gewußt, was in East Firle passiert war? Hast du es im Hotel Queensway erraten? Aber du wolltest den Grund dafür wissen, und ich durfte nicht Amok laufen, weil das deine Absichten durchkreuzt hätte! Deshalb hast du mich abgelenkt und mit Halbwahrheiten abgespeist, während du deine Nachforschungen angestellt hast.

Du Schuft – selbst während du Razzak unter Druck gesetzt hast, hast du ihm mit meiner Rachgier gedroht... Ich war dein Druckmittel, nicht wahr?

Schuldig, David. Aber keine Kugel für dich, denn was hätte ich sonst von dir erwarten sollen, David?

Mitte: Muhammad Razzak
Du hast alles gewußt, und Alan muß durch deinen Befehl umgekommen sein, weil du verhindern wolltest, daß dein braver Majid entlarvt wurde, bevor er in Aleppo in die Maschine nach Mosul steigen konnte. Hast du das getan, Razzak? Hast du ihm gesagt, wohin er fliegt? Und hast du absichtlich vergessen, ihm von der Phantom zu erzählen?

Schuldig, Razzak. Aber keine Kugel für dich, Razzak, denn du bist ein tapferer Mann, ein ganzer Kerl – und wärst selbst mitgeflogen, wenn sie dich dazu aufgefordert hätten!

Die drei Männer waren jetzt schon sehr nahe.

Rechts: Jake Shapiro
Du hast die Mittel, das Motiv und die Gelegenheit dazu gehabt, Jake. Alles hat von Anfang an auf deine Täterschaft hingewiesen: Wenn er jemanden beseitigen will, leistet er ganze Arbeit, hat es geheißen.

Razzak hätte weder die richtigen Männer noch das technische Wissen zur Verfügung gehabt. Aber Alan mußte zum Schweigen gebracht werden, deshalb warst du für ihn zuständig – wie ich für den armen Kerl am Stacheldraht!

Der Mann am Stacheldraht...

Barmherziger Gott, dachte Roskill: Ich habe den Mann aus

dem gleichen Grund umgebracht, aus dem Alan sterben mußte – wegen des gleichen Risikos, um die gleiche Gefahr abzuwenden.

Die gleiche Tat.

Die gleiche Schuld!

Roskill versuchte, sich zu konzentrieren. Das gelang ihm nicht, aber die Anstrengung verbrauchte seine letzten Kräfte: Der Gewehrlauf schwankte und sank dann ins Gras, als Roskill bewußtlos wurde.

EPILOG

BEIRUT (Eigener Bericht) – Das Wrack der seit Sonntag abend vermißten Trans-Levant-Maschine ist von einem Flugzeug der irakischen Luftwaffe in der Wüste gesichtet worden. Wie ein Luftwaffensprecher mitteilte, waren die Wrackteile über ein größeres Gebiet verstreut. Rettungsmannschaften sind zum Absturzort unterwegs, obwohl es voraussichtlich keine Überlebenden geben dürfte.

Palästinensische Guerillakreise in Damaskus machen israelische Agenten für den Absturz verantwortlich, aber Jerusalem hat sich bisher noch nicht offiziell dazu geäußert. Inoffiziell wird jedoch darauf hingewiesen, daß die extremistische kurdische Organisation FKL telefonisch mit Bombenanschlägen gegen Flüge zwischen Syrien und dem Irak gedroht hatte.

Die Maschine, die sich auf einem Linienflug von Aleppo nach Mosul befand, hatte 37 Passagiere und vier Besatzungsmitglieder an Bord. Zu den Unglücksopfern gehört Mr. Elliott Wilkinson, der bekannte Arabist und Vizepräsident der Ryle-Stiftung.

ENDE

Bitte beachten Sie die folgenden Anzeigenseiten. Die dort genannten Preise entsprechen dem Stand vom Frühjahr 1973 und können sich nach wirtschaftlichen Notwendigkeiten ändern.

Die roten Goldmann KRIMI

Sara Woods
Mildernde Umstände
160 Seiten. Band 4100. DM 3.–

Der siebzehnjährige Joe Hartley hat seinen Pflegevater erschlagen. Darüber gibt es keinen Zweifel.
Sein Verteidiger, der Londoner Rechtsanwalt Antony Maitland, will wissen, warum der Junge die Bluttat beging. Und als er mit seinen Nachforschungen beginnt, merkt er bald, daß irgend jemand das mit allen Mitteln verhindern will ...

Scott Mitchell
Der Boß liebt keine Extratour
160 Seiten. Band 4101. DM 3.–

Ein Hippie ist der Polizei stets als Mörder willkommen. Vor allem, wenn es sich um den verwöhnten Sohn eines Millionärs handelt, der ihrer Ansicht nach die Jacht seines Vaters in die Luft gesprengt hat. Privatdetektiv Brock Devlin hält nichts von dieser Theorie. Und als er den Fall näher in Augenschein nimmt, stößt er auf eine ganz andere Spur ...

Herbert Reinecker
11 Uhr 20
160 Seiten. Band 4102. DM 3.–

Jahrelang lebte Thomas Wassem getrennt von seiner Frau. Jetzt besucht Maria ihn in Istanbul, um die in Brüche gehende Ehe zu kitten. Doch bevor es zu einer Aussprache kommt, überstürzen sich die unheilvollen Ereignisse. In Wassems Auto sitzt plötzlich ein Toter! Und als die Wassems die Leiche loswerden wollen, stürzt der Wagen ins Meer. Maria kommt ums Leben ...

WILHELM GOLDMANN VERLAG MÜNCHEN

Die roten Goldmann KRIMI

Brett Halliday
Nichts als Tatsachen
160 Seiten. Band 4103. DM 3.—

›Sehr geehrter Mr. Shayne, beiliegend 1000 Dollar. Wenn mir heute abend etwas zustoßen sollte, ist das Ihr Honorar für die Festnahme meines Mörders; er heißt . . .‹
Im Brief stand der Name, klar und deutlich. Also kein Problem für den Privatdetektiv? Es gab aber vier Briefe, und damit auch vier Mörder zur Auswahl!

Julian Symons
Der Kreis wird enger
160 Seiten. Band 4104. DM 3.–

Tagaus, tagein hat David Nelson mit raffinierten Mordfällen zu tun: Er ist Redakteur in einem Krimiverlag in London. Und dann geht er doch prompt selbst in die Falle. Sein Konkurrent wird ermordet, und Davids Alibi steht auf sehr wackligen Beinen. Vor allem, als sich herausstellt, daß der Ermordete mit Davids Frau in allzu enger Verbindung stand . . .

John Paddy Carstairs
Gardenien verwelken schnell
160 Seiten. Band 4105. DM 3.–

Der Bestsellerautor Garway Trenton will Ferien machen – und wo machen große Autoren Ferien? An der französischen Riviera! Aber kaum ist er angekommen, da stellt man ihm schon nach. Nicht so, wie er es sich wünscht, nein – keine Verehrerinnen. Diesmal machen kaltblütige Mörder Jagd auf Mr. Trenton . . .

WILHELM GOLDMANN VERLAG MÜNCHEN

Die roten Goldmann KRIMI

Hartley Howard
Die ihre Haut zu Markte tragen
160 Seiten. Band 4106. DM 3.–

Ein zwielichtiger Auftrag für den New Yorker Privatdetektiv Glenn Bowman, aber ein lukrativer: Er soll den verschwundenen Geschäftsmann Edwin Hine suchen!
Kurz danach wird die hübsche Sekretärin des Verschwundenen tot aufgefunden – ein Mord, den man Bowman in die Schuhe schieben will ...

Henry Slesar
Die siebte Maske
128 Seiten. Band 4108. DM 3.–

Walter Haven, ein wohlhabender Mann in reiferen Jahren – Adrienne, seine Frau, jung, hübsch, gelangweilt – und Tom Jerrick, Hausfreund und Kompagnon — die klassische Dreieckskombination? Nicht ganz, denn als Walter tot aufgefunden und Jerrick unter Mordverdacht festgenommen wird, eröffnen sich ganz neue Perspektiven ...

Gordon Brodie
Sagte jemand Diamanten?
160 Seiten. Band 4109. DM 3.–

Sagt man Rohdiamanten, denkt man an Amsterdam. Und deshalb fällt es dem Privatdetektiv John Borham auch nicht schwer, die Beziehung zwischen einer Diamantenmine auf Neuseeland und dem Tod ihres Entdeckers in Amsterdam herzustellen. Nicht zuletzt, weil dessen hübsche Tochter als ›Hostess‹ bei dem gefährlichen Gangster Jim Acheson arbeitet ...

WILHELM GOLDMANN VERLAG MÜNCHEN

Die roten Goldmann KRIMI

Brett Halliday
Mordwaffe mit Sex-Appeal
160 Seiten. Band 4110. DM 3.–

Im schummrigen Licht einer Bar war Camilla Steele noch immer eine Schönheit. Übermäßiger Genuß von Alkohol, Drogen und Männern hatten ihr Aussehen nicht ruiniert. Für die meisten war sie eine von den total ausgeflippten Typen. Doch einer Gruppe von Desperados kam sie gerade recht – als Mordwaffe mit Sex-Appeal...

Kenneth Bird
Trauermarsch für Lydia
160 Seiten. Band 4111. DM 3.–

Mit ihren sechsundzwanzig Jahren denkt die Londoner Journalistin Lydia Longstaff nicht an ihr Begräbnis. Doch ein anderer denkt daran: Er schickt ihr das makabre Angebot eines Begräbnisinstituts, speziell auf ihren Todesfall zugeschnitten. Ein böser Scherz? Oder eine Drohung? Vielleicht sogar – ein Versprechen...

John N. Chance
Gefangen im Fuchsbau
160 Seiten. Band 4112. DM 3.–

In einer kleinen Stadt in Wales reißt die Spur von Roger Martin plötzlich ab. Der Abenteurer Jonathan Blake stößt auf der Suche nach dem Verschwundenen auf geheimnisvolle unterirdische Gänge, eine walisische Verschwörung und auf Leute, die nicht nur für den Mord an Mr. Martin in Frage kommen...

WILHELM GOLDMANN VERLAG MÜNCHEN

Die roten Goldmann KRIMI

George H. Coxe
Gefährliche Erbschaft
160 Seiten. Band 4113. DM 3.—

Ein reizender Gatte! Aus purer Fürsorge läßt er seine Frau Carol Browning in eine Heil- und Pflegeanstalt einweisen! Der Grund liegt nahe: Carol erbt in Kürze ein Riesenvermögen, das Mr. Browning frei verwalten kann, wenn es ihm gelingt, Carol zu entmündigen! Doch dann findet man George Browning in der Wohnung seiner Frau – ermordet ...

Leslie P. Davies
Mann aus dem Nichts
160 Seiten. Band 4114. DM 3.—

Man fand ihn an einer Landstraße, und keiner kannte ihn. Er selbst kann sich an nichts erinnern. Nicht einmal an seinen Namen... Dann wird er gleich vierfach identifiziert. Von vier verschiedenen Personen, die ihn als ihren Angehörigen erkennen.

Hartley Howard
Sicher wie das Grab
160 Seiten. Band 4115. DM 3.—

Es beginnt mit dem Mord an Ben Riley, einem stadtbekannten Säufer. Ben stieß durch Zufall auf ein Geheimnis im Wert von einer Million Dollar plus einer Kugel für Ben Riley!
Doch der Mörder macht einen Fehler. Er erschießt den Trunkenbold ausgerechnet in der Wohnung des New Yorker Privatdetektivs Glenn Bowman!

WILHELM GOLDMANN VERLAG MÜNCHEN

Die roten Goldmann KRIMI

F. R. Lockridge
Mord nach Rezept
160 Seiten. Band 4116. DM 3.–

Pam und Jerry North fahren auf die Insel Key West an der Südspitze von Florida, um Ferien zu machen. Aber von Erholung ist nicht die Rede. Denn bald nach ihrer Ankunft wird Pams neuer Tennispartner, Dr. Piersal, ermordet aufgefunden! Keiner kann sich vorstellen, wen der freundliche ältere Herr zum Feind haben konnte. Ein zweiter Mord liefert den Schlüssel ...

Erle Stanley Gardner (A. A. Fair)
Alles oder nichts
192 Seiten. Band 4117. DM 3.–

Der Schmuck aus dem Safe von Dr. Devarest ist verschwunden. Und seine hübsche, junge Sekretärin ist ebenfalls unauffindbar. Ein alltäglicher Fall für das Detektivbüro Cool & Lam. Aber dann entdeckt Donald, daß die Sekretärin tot ist – und er bezweifelt, daß es Dr. Devarest nur um ein paar gestohlene Schmuckstücke geht ...

Jonathan Ross
Der Mann im Baum
160 Seiten. Band 4118. DM 3.–

*Alles war fast wie bei einer wirklichen Hinrichtung. Michael Clancy hing im Baum, aber von Selbstmord konnte keine Rede sein.
Irgend jemand hatte das Gefühl, zwei Jahre Gefängnis waren nicht genug für Clancy – nicht genug für einen Mord ...*

WILHELM GOLDMANN VERLAG MÜNCHEN